INHALT

Jörg-Michael Günther

Der Fall
Max und Moritz

Juristisches Gutachten über die Umtriebe
zweier jugendlicher Straftäter als
Warnung für Eltern und Pädagogen

Eichborn Verlag

Für meine Frau Usch und unsere Tochter Sarah

CIP-Titelaufnahme der Deutschen Bibliothek

Günther, Jörg-Michael:
Der Fall Max & Moritz : jur. Gutachten über d. Umtriebe
zweier jugendlicher Straftäter zur Warnung für Eltern u.
Pädagogen / Jörg-Michael Günther. – Frankfurt am Main :
Eichborn, 1988
    ISBN 3-8218-1858-1

© Vito von Eichborn GmbH & Co Verlag KG, Frankfurt am Main, Februar 1988.
Covergestaltung: Uwe Gruhle. Gesamtherstellung: Fuldaer Verlagsanstalt GmbH.
ISBN 3-8218-1858-1. Verlagsverzeichnis schickt gern: Eichborn Verlag,
Sachsenhäuser Landwehrweg 293, D-6000 Frankfurt 70

Erstes Buch

Max und Moritz.

Eine Bubengeschichte in sieben Streichen.

Vorwort.

Ach, was muß man oft von bösen
Kindern hören oder lesen!
Wie zum Beispiel hier von diesen,

Welche Max und Moritz hießen.
Die, anstatt durch weise Lehren
Sich zum Guten zu bekehren,

Oftmals noch darüber lachten
Und sich heimlich lustig machten. —
— Ja, zur Übeltätigkeit,
Ja, dazu ist man bereit! —
— Menschen necken, Tiere quälen,
Äpfel, Birnen, Zwetschgen stehlen —
Das ist freilich angenehmer
Und dazu auch viel bequemer,
Als in Kirche oder Schule
Festzusitzen auf dem Stuhle.
— Aber wehe, wehe, wehe!
Wenn ich auf das Ende sehe!!
— Ach, das war ein schlimmes Ding,
Wie es Max und Moritz ging.
— Drum ist hier, was sie getrieben,
Abgemalt und aufgeschrieben.

VORWORT

Die 1865 erschienene Geschichte über Max und Moritz ist zum berühmtesten Kinderbuch aller Zeiten geworden.[1][2] Ganze Generationen von Eltern gaben und geben ihren Kindern die »Lausbubengeschichte« zum Lesen; Gedanken über mögliche Schäden für den Nachwuchs machen sie sich dabei in aller Regel nicht. Dies ist unverständlich, da die Beschreibung der Umtriebe von Max und Moritz aus einer in der Literatur fast beispiellosen Aneinanderreihung von Straftaten besteht.[3] Es gibt nur wenige Bücher (und schon gar kein »Kinderbuch«), in denen die Handlung derart konsequent ausschließlich aus der Begehung von Vergehen und Verbrechen besteht. Diebstähle, Tierquälereien, Körperverletzungen und Tötungsdelikte sind an der Tagesordnung, grausame Selbstjustiz in der Mühle der unrühmliche Höhepunkt:

>*»Und in den Trichter*
>*schüttelt er die Bösewichter. —*
>*Rickeracke! Rickeracke!*
>*Geht die Mühle mit Geknacke.«*

Gefahren für das frühkindliche Rechtsgefühl und drohende Nachahmungseffekte drängen sich förmlich auf.[4] Es war deshalb über-

---

1 in über 40 Sprachen und Dialekte übersetzt, vgl. Anke Dietzler, Max und Moritz — Eine Bildergeschichte nicht nur für Kinder, in: Museum, Wilhelm Busch Museum Hannover, Braunschweig 1980, S. 62/The Encyclopedia Americana, International Edition, New York 1974, Volume 5, S. 39

2 die »Titelhelden« wurden sogar zu geflügelten Worten, vgl. Büchmann, Geflügelte Worte, Der Zitatenschatz des deutschen Volkes, Stuttgart/Hamburg, S. 338

3 vgl. die Aufzählung von Kaufmann, Beziehungen zwischen Recht und Novelistik, NJW 1982, 606; die dort als Beispiele angeführten Werke (Sophokles »Antigone«, Schillers »Räuber«, Goethes »Götz von Berlichingen« u. a.) erreichen bei weitem nicht den strafrechtlichen Gehalt der Geschichte von Max und Moritz

4 Stimulationstheorie; Ber. 5, Heft 8 der Schriften des 2. Deutschen Fernsehens/dagegen die Katharsis- und Inhibitionstheorie, ebendort

fällig, die Geschichte von Max und Moritz einmal eingehend auf ihren strafrechtlichen Gehalt hin zu untersuchen.[5][6]

Als Maßstab der Untersuchung wurde das geltende Strafrecht gewählt. Hiergegen wird der sachkundige Leser sicher eine Reihe von Einwänden vorbringen, die es auszuräumen gilt:

Die Strafbarkeit der Beteiligten scheitert nicht an § 1 StGB und Art. 103 GG. Nach § 1 StGB und dem gleichlautenden Art. 103 Abs. 2 GG kann eine Tat »nur bestraft werden, wenn die Strafbarkeit gesetzlich bestimmt war, bevor die Tat begangen wurde«.[7][8][9][10] Die Taten von Max und Moritz und der anderen Dorfbewohner haben sich vor mehr als 120 Jahren ereignet; der Bericht von Busch erschien erstmalig 1865. Das Strafgesetzbuch, das der Verfasser angewendet hat, stammt hingegen aus dem Jahr 1975.[11][12] Auf den ersten Blick liegt der Schluß nahe, daß eine Aburteilung nach dem aktuellen Strafrecht unzulässig ist. Eine solche Auffassung ist aber zu eng. Hierauf hat bereits Ernst von Pidde in seiner hervorragenden strafrechtlichen Analyse der Nibelungensage hingewiesen.[13] Es

---

5 ähnliche strafrechtliche Untersuchungen literarischer Werke liegen vor von Gustav Radbruch, Das Strafrecht der Zauberflöte, in: Vom edlen Geist der Aufklärung, München 1948; Ernst v. Pidde, Ring des Nibelungen im Lichte des deutschen Strafrechts, Hamburg 1982; Hermann Weber, Der Sonnenwirt — der klassische Roman eines klassischen Kriminalfalls, NJW 1982, 619 ff.

6 ferner war dem von Weber a.a.O. zu Recht beklagten Umstand entgegenzuwirken, daß einige literarische Meisterwerke in ihrem Charakter als Rechtsfälle im Bewußtsein vieler Juristen gar nicht existieren

7 nullum crimen sine lege, nulla poena sine lege

8 vgl. hierzu auch rechtsvergleichend Andrzej Spotowski, Das Rückwirkungsverbot im polnischen Recht, in Festschr. für Jeschek, Berlin 1985, S. 235 ff.

9 siehe auch Jose Maria Rodriguez Devesa, Nullum crimen sine culpa en la reforma del codigo penal espanol 1983, in Festschr. für Jeschek, S. 201 ff.

10 siehe ferner Schöckel, Die Entwicklung des strafrechtlichen Rückwirkungsverbotes bis zur Französischen Revolution, 1968

11 Strafgesetzbuch in der Fassung der Bekanntmachung vom 2. Januar 1975 (BGBl I S. 1/ BGBl. III 450-2)

12 die angewendeten strafrechtlichen Nebengesetze sind noch neueren Datums; vgl. das Gesetz über explosionsgefährliche Stoffe vom 17. April 1986 (BGBl. I S. 577/BGBl. III 7134-2) und das Tierschutzgesetz vom 18. August 1986 (BGBl. I S. 1319/BGBl. III 7833-3)

13 Ernst von Pidde, a.a.O., S. 13

kann nämlich nicht bestritten werden, daß die Straftaten in der Max-und-Moritz-Geschichte zumindest mit jeder Aufführung der »Lausbubenstreiche« erneut begangen werden.[14][15]

Auch der Grundsatz, daß Verbrechen mit dem Tod getilgt werden, steht einer Bestrafung der Täter nicht entgegen.[16] Der Verfasser räumt den Tod aller Beteiligten, die bei Schreiben des Manuskripts im Jahre 1864 als Vorlage für Wilhelm Busch dienten, ohne Umschweife ein. Nicht verstorben sind aber die Kunstfiguren, um die es hier geht. Sie leben und müssen sich ihrer strafrechtlichen Verantwortung stellen.[17]

Das gilt insbesondere für Max und Moritz, die zur Tatzeit als über 14jährige grundsätzlich schuldfähig waren.[18]

Nach alledem steht einer strafrechtlichen Begutachtung des »Kinderbuches« kein zwingender Grund entgegen.[19] Wenn das Gutachten dazu beiträgt, den Blick von Eltern, Juristen und Wilhelm-Busch-Freunden für die erschütternde Liste der dort verwirklichten Straftaten zu schärfen, hat es seinen Zweck erfüllt. Möge es insbesondere Leitfaden und Hilfe für Eltern und Pädagogen sein, zukünftige kindliche Leser der Max-und-Moritz-Geschichte mit unserem modernen Straf- und Wertesystem vertraut zu machen.[20] So gesehen kann die »Lausbubengeschichte« einen hervorragenden Einstieg bieten.

---

14 jedenfalls bei Aufführungen auf deutschem Boden: § 3 StGB
    »Das deutsche Strafrecht gilt für Taten, die im Inland begangen werden«
15 aus diesem Grund scheidet auch eine ansonsten in Betracht kommende Verjährung der Straftaten (§ 78 StGB ff.) aus
16 crimina morte extinguuntur; zitiert nach Liebs, Lateinische Rechtsregeln, München 1982, C. Nr. 98
17 Max und Moritz sind allerdings auch als Kunstfiguren (in der Mühle) verstorben; insoweit ist ihre strafrechtliche Beurteilung zugegebenermaßen fiktiv
18 vgl. § 19. StGB. Schuldunfähigkeit des Kindes. »Schuldunfähig ist, wer bei Begehung der Tat noch nicht vierzehn Jahre alt ist«; wegen der Einzelheiten – insbesondere § 3 JGG – siehe unten S. 16
19 Strafanträge von Witwe Bolte, Lehrer Lämpel, Onkel Fritz, Meister Bäcker und Bauer Mecke wegen Hausfriedensbruchs und Diebstahls liegen dem Verfasser vor; bei Sachbeschädigungen (§ 303 StGB) ist seit dem 15. 5. 1986 kein Strafantrag mehr erforderlich (BGBl. I S. 721)
20 weiterführende Hinweise sind dem umfangreichen Fußnotenapparat zu entnehmen; vgl. hierzu allerdings die kritischen Ausführungen von S. C. G. Freudjung, Der Zitaterich

Mein Dank für ihre Mitarbeit und Unterstützung gilt Frau stud. phil. Susanne Krayer, Herrn Dipl.-Ing. Wil Schmitz und Herrn Ref. Thomas Wagner. Zu danken ist ferner dem Wilhelm-Busch-Museum in Hannover.

Besonderer Dank gilt schließlich auch Herrn Prof. Dr. Günter Kohlmann aus Köln für seine wertvollen Anregungen zu Gestaltung und Inhalt dieses Buches.

Leichlingen, im Dezember 1987

Jörg-Michael Günther

---

und sein Überich, Zur Psychopathologie des akademischen Imponiergehabes, Tobolsk 1932, zitiert nach Henkel-Traubert, Die dionysische Amtsstube oder Schmoozing als Lehrfach, Verwaltungsrundschau 1986, S. 220, Fn. 17

Erster Streich.

Mancher gibt sich viele Müh'
Mit dem lieben Federvieh;
Einesteils der Eier wegen,
Welche diese Vögel legen,
Zweitens: Weil man dann und wann
Einen Braten essen kann;
Drittens aber nimmt man auch
Ihre Federn zum Gebrauch
In die Kissen und die Pfühle,
Denn man liegt nicht gerne kühle. —

Und verlegen sie genau
In den Hof der guten Frau. —

Seht, da ist die Witwe Bolte,
Die das auch nicht gerne wollte.

Kaum hat dies der Hahn gesehen,
Fängt er auch schon an zu krähen:
Kikeriki! Kikikerikih!!
Tak, tak, tak! — da kommen sie.

Ihrer Hühner waren drei
Und ein stolzer Hahn dabei. —
Max und Moritz dachten nun:
Was ist hier jetzt wohl zu tun? —
— Ganz geschwinde, eins, zwei, drei
Schneiden sie sich Brot entzwei,
In vier Teile, jedes Stück
Wie ein kleiner Finger dick.
Diese binden sie an Fäden,
Übers Kreuz ein Stück an jeden,

Hahn und Hühner schlucken munter
Jedes ein Stück Brot hinunter;

Aber als sie sich besinnen,
Konnte keines recht von hinnen.

Ach, sie bleiben an dem langen,
Dürren Ast des Baumes hangen. —
— Und ihr Hals wird lang und länger,
Ihr Gesang wird bang und bänger.

In die Kreuz und in die Quer
Reißen sie sich hin und her,

Jedes legt noch schnell ein Ei,
Und dann kommt der Tod herbei. —

Flattern auf und in die Höh',
Ach herje, herjemineh!

Witwe Bolte in der Kammer
Hört im Bette diesen Jammer:

Ahnungsvoll tritt sie heraus,
Ach, was war das für ein Graus!

Tiefbetrübt und sorgenschwer
Kriegt sie jetzt das Messer her,
Nimmt die Toten von den Strängen,
Daß sie so nicht länger hängen,

„Fließet aus dem Aug', ihr Tränen!
All mein Hoffen, all mein Sehnen,
Meines Lebens schönster Traum
Hängt an diesem Apfelbaum!"

Und mit stummem Trauerblick
Kehrt sie in ihr Haus zurück.

Dieses war der erste Streich,
Doch der zweite folgt sogleich.

DER 1. STREICH

A. DAS BETRETEN DES HOFS DER WITWE BOLTE

Hausfriedensbruch, § 123 StGB

Max und Moritz haben zum Auslegen ihrer Brotfalle den Hof von Witwe Bolte betreten.[21] Da Frau Bolte das nicht wollte, könnten sich Max und Moritz nach § 123 StGB des »widerrechtlichen Eindringens in ein befriedetes Besitztum« strafbar gemacht haben.

Befriedet ist ein Besitztum regelmäßig dann, wenn es in äußerlich erkennbarer Weise durch zusammenhängende Schutzwehre gegen das willkürliche Betreten durch andere gesichert ist, z. B. durch Hecken, Drähte oder Zäune.[22] [23] Solche zusammenhängenden Schutzwehre sind entbehrlich, wenn das Besitztum für jedermann erkennbar zu einer Wohnung oder einem Geschäftsraum gehört.[24] [25] [26]

So könnte es in dem von Wilhelm Busch berichteten Fall liegen: Der Hof der Witwe Bolte gehörte zu ihrem Haus. Nach der sog. Ausstrahlungstheorie war also der von Max und Moritz betretene Hofraum als Zubehörfläche des Hauses befriedetes Besitztum.[27] [28]

---

21 »Und verlegten sie genau, in den Hof der guten Frau«
22 RG Strafs. 11, 295 (Feldscheune)
23 RG Strafs. 20, 155 (Zechenplatz)
24 OLG Oldenburg JZ 1986, 247 (Stadtgammler in Kaufhauspassage); gegen die »Gammlerentscheidung« mit Nachdruck: Amelung JZ 1986, 248; siehe hierzu auch Noelle-Neumann, Der Stadtgammler im Wandel der öffentlichen Meinung, Allensbach 1961
25 Schönke-Lenckner, § 123 StGB Rn. 4 : Toiletten, Treppen, Flure, Keller
26 J. Fitzpatrick, My court ist my castle, London 1899, S. 123
27 BayObLG JR 1969, 466 (Wann begeht ein Kraftfahrer, der sein Fahrzeug in einem fremden Hofraum abstellt, Hausfriedensbruch?)
28 mit kritischen Fragen: Bernsmann, Tatbestandsprobleme des Hausfriedensbruchs, Jura 1981, 340 (»Gartenanlagen als Wohnung?«)

Gegen die Ausstrahlungstheorie werden aber in der Literatur gewichtige Bedenken vorgebracht.[29] [30] Man wirft ihr vor, sie entferne sich zu weit vom Wortsinn »Wohnung«.[31] [32] [33]

Ob der Hof von Witwe Bolte ein Hof oder rechtlich eine Wohnung war, bedürfte weiterer Erörterungen[34]; hierfür fehlen Zeit und Raum.[35] [36] Dies schadet aber kaum, da eine brusthohe Steinmauer den Hof von Witwe Bolte umgab, um ihn gegen das Betreten von Übeltätern zu sichern. Der Hof war somit vielleicht keine »Wohnung«, aber in jedem Fall ein »befriedetes Besitztum« im Sinne des § 123 StGB. In den befriedeten Besitz sind Max und Moritz widerrechtlich eingedrungen und haben damit objektiv einen Hausfriedensbruch begangen.

Die Störung des Hausfriedens von Witwe Bolte erfolgte auch vorsätzlich, da Max und Moritz bewußt und mit Genuß gegen den Willen von Frau Bolte den Hof betraten.

Grundsätzlich stünde also einer Bestrafung von Max und Moritz wegen Hausfriedensbruchs nichts entgegen.

Hierbei bliebe aber unberücksichtigt, daß Wilhelm Busch im Vorwort seiner Geschichte Max und Moritz ausdrücklich als »Kinder« bezeichnet.[37] Kinder unter 14 Jahren sind nach § 19 StGB

---

29 Vladimir Uranow, Die Ausstrahlungstheorie in der Praxis, Moskau 1987, 234 ff.
30 besonders kritisch: Bernsmann, a.a.O.
31 zu allem: Trabandt, Der kriminalrechtliche Schutz des Hausfriedens in seiner geschichtlichen Entwicklung, Diss. jur., 1970
32 wie Fn. 30 und Amelung, JZ 1986, 247
33 zum Begriff der Wohnung: §§ 11—13 des Zweiten Wohnungsbaugesetzes vom 11. Juli 1985, BGBL. 2330-2
34 vgl. hierzu: Wilhelm Busch in »Tobias Knopp«:
    Sokrates, der alte Greis,
    Sagte oft in tiefen Sorgen:
    »Ach, wie viel ist doch verborgen,
    Was man immer noch nicht weiß.«
35 Matill, Zeit und materielles Strafrecht, GA 1965, 129
36 Zipelius, Philosophische Aspekte der Rechtsfindung, JZ 1976, 150
37 »Ach, was muß man oft von bösen
    Kindern hören oder lesen!
    Wie zum Beispiel hier von diesen,
    Welche Max und Moritz hießen.«

nicht schuldfähig; erst Jugendliche im Alter von 14 Jahren können strafrechtlich belangt werden.[38] [39] [40]

Ob Wilhelm Busch den verwendeten Begriff »Kinder« rechtstechnisch gemeint hat, ist nicht mehr rekonstruierbar.[41] Maßgeblich sind daher die erst kürzlich wieder aufgetauchten Taufurkunden von Max und Moritz aus dem Jahre 1849.[42] Als sie ihre kriminelle Karriere im Jahr 1864 begannen, waren Max und Moritz also bereits mindestens 14 Jahre alt. § 19 StGB steht ihrer Bestrafung nicht entgegen.

Eine Bestrafung könnte aber an § 3 JGG scheitern.[43] Jugendliche werden hiernach nicht als strafmündig betrachtet, wenn sie nach ihrer Verstandesreife und ethischen Reife Recht und Unrecht nicht auseinanderhalten können.[44] Geistig und sittlich reif zur Einsicht in das Unrecht ist derjenige Jugendliche, dem bewußt ist, daß er etwas Verbotenes tut.[45] Nur bei außerordentlich schlechter Erziehung und bei ganz besonders schlechten Vorbildern in Haus und Umwelt wird diese Voraussetzung einmal nicht gegeben sein.[46] [47]

Als Max und Moritz den Hof der Witwe Bolte betraten, um dort die Brotfalle auszulegen, wußten sie – wie bei allen Streichen – genau, daß sie damit etwas Verbotenes taten.[48] Sie haben sich deshalb für den Bruch des Hausfriedens der Witwe Bolte strafrechtlich zu verantworten.

---

38 § 19 StGB Schuldunfähigkeit des Kindes. »Schuldunfähig ist, wer bei Begehung der Tat noch nicht vierzehn Jahre alt ist.«
39 Brunner, Kommentar zum Jugendgerichtsgesetz, 1984, § 3 JGG Rn. 4
40 Weber, Kriminelle in kurzen Hosen, Concepte 66, 5 ff.
41 näher: E. C. M. Frijling-Schreuer, Was sind das – Kinder?, Frankfurt 1974
42 im Besitz von Pater Filucius
43 § 3 JGG. »Ein Jugendlicher ist nur dann strafrechtlich verantwortlich, wenn er zur Zeit der Tat nach seiner sittlichen und geistigen Entwicklung reif genug ist, das Unrecht seiner Tat einzusehen und nach dieser Einsicht zu handeln.«
44 Mezger, Kriminelle Typen, Festschrift für K. Schneider 1947, 217 ff.
45 BGH Herlan GA 59, 47
46 J.-J. Rousseau, Emil oder über die Erziehung, Paderborn, 1983, S. 72 / siehe Fn. 39
47 Tilmann Moser, Jugendkriminalität und Gesellschaftsstruktur – Zum Verhältnis von soziologischen, psychologischen und psychoanalytischen Theorien des Verbrechens, Frankfurt am Main 1980, S. 83 ff.
48 Mezger, Vom Sinn der strafbaren Handlung, JZ 1952, 673

Ergebnis:

Max und Moritz haben sich durch das heimliche Betreten des Hofs der Witwe Bolte nach §§ 123 StGB des Hausfriedensbruchs strafbar gemacht.[49] [50]

B. DAS AUSLEGEN DER BROTFALLE

1) Sachbeschädigung, § 303 StGB

Max und Moritz könnten sich der gemeinschaftlichen Sachbeschädigung strafbar gemacht haben, weil die Hühner und der Hahn durch ihre Brotfalle elendig zu Tode kamen.[51] [52]

Hühner und Hahn sind als Tiere »Sachen« im Sinne des § 303 StGB.[53] [54] [55] Die Sachen waren für Max und Moritz fremd, da es sich bei dem brotgierigen Federvieh nicht etwa um wilde, herrenlose Tiere nach § 960 BGB handelte, sondern um das Geflügel der Witwe Bolte.[56]

---

49 für die genauere Bezeichnung »Hoffriedensbruch«: H. Tibulski-Schribbeneck, Haus und Hof im Schutz des Strafrechts, Unterhaching 1986, 13 ff; vgl. dazu auch Hans Parlatius, Von der Notwendigkeit sprachliche Verkümmerung zu vermeiden, in: Journal der Westfälischen Assoziation für kameralistische Sprachpflege, 1931, 12, S. 18–20, zitiert nach Heinrich/Bosetzky, Kritische Anmerkungen zu den Anmerkungen unserer Kritiker: Wenn Krähen hacken, in: Verwaltungsrundschau 1986, 220

50 siehe auch: Dreher, Der Paragraph mit dem Januskopf, Festschrift für Gallas, S. 307 ff.

51 § 303 StGB Sachbeschädigung. »Wer rechtswidrig eine fremde Sache beschädigt oder zerstört, wird mit Freiheitsstrafe bis zu zwei Jahren oder mit Geldstrafe bestraft.«

52 Das Grundgesetz des Tieres, Fibel, herausgegeben vom Bundesminister f. Landwirtschaft, Ernährung und Forsten, 1986

53 Schönke-Stree, § 303 StGB Rn. 3

54 RG Strafs. 37, 412

55 dagegen: K. Lorenz, Ges. Werke, Band 5, Wien 1976, S. 112

56 »Seht das ist die Witwe Bolte,
    Die das auch nicht gerne wollte.
    Ihrer Hähner waren drei
    Und ein stolzer Hahn dabei.«

Zu prüfen bleibt, ob Max und Moritz die Hühner und den Hahn zerstört haben. Eine Sache ist zerstört, wenn durch die Einwirkung eines Täters die bestimmungsgemäße Brauchbarkeit der Sache aufgehoben wird. Nach einer Mindermeinung in der Literatur soll hierfür sogar das Fliegenlassen eines Vogels als solches genügen.[57] Die Hühner und der Hahn sind geflogen und gestorben; sie sind – außer zum Essen – zu nichts mehr zu gebrauchen, also zerstört.[58]

Dies bedeutet noch nicht, daß Max und Moritz Täter einer Sachbeschädigung sind; immerhin stand es in der freien Entscheidung der Hühner und des Hahns, das Brot zu verzehren oder auch nicht.[59] [60]

Max und Moritz sind wegen des Todes der Tiere nur zu bestrafen, wenn sie ihn verursacht haben. Nach der herrschenden Bedingungstheorie wäre dies der Fall, wenn ihr Handeln nicht hinweggedacht werden kann, ohne daß der konkrete »Erfolg« (Tod des Federviehs) entfiele.[61] [62] [63] [64]

Hätten Max und Moritz nicht ihre Brotfalle ausgelegt, dann hätten die Hühner und der Hahn das an den Fäden befestigte Brot nicht verschluckt und wären nicht panikartig in die Luft geflattert. Der Tod am dürren Ast des Baumes wäre ihnen erspart geblieben. Nach der Bedingungstheorie besteht kein Zweifel, daß Max und Moritz den Tod der Hühner und des Hahns verursacht haben.

Die Bedingungstheorie ist aber nicht unbestritten.[65] [66] In Teilen der Literatur wird in Anlehnung an die zivilrechtliche Rechtspre-

---

57 Maurach-Schroeder, Strafrecht BT 1, S. 267; dagegen Lackner, § 303 StGB Rn. 3
58 Wessels, Strafrecht BT, § 1 I 3, c)
59 K. v. Linne: Systema Naturae, Tom I., Ed. LX. (1758), Faksimile-Nachdruck, Brit. Mus. (Nat. Hist.), London 1956
60 a. A.: B. F. Skinner, Jenseits von Freiheit und Würde, Reinbek 1973
61 conditio sine qua non
62 begründet durch Glaser, Abhandlungen aus dem österr. Strafrecht, 1858
63 siehe auch: Buri, über Kausalität und deren Verantwortung, 1873
64 BGH Strafs. 1, 332
65 Wehrenberg, Die Conditio-sine-qua-non-Formel – eine pleonastische Leerformel?, MDR 1971, 900
66 zu salopp: Heinz-Fritz Teufel, Conditio sine qua non – was ist das schon?, in: Der kritische Kausalist, Berlin 1968, Heft 1, S. 12 ff.

chung auch die sog. Adäquanztheorie vertreten.[67] [68] [69] Nach dieser Theorie ist Ursache nur diejenige Bedingung, die allgemein nach der Lebenserfahrung geeignet ist, den tatbestandsmäßigen Erfolg herbeizuführen.

Das Auslegen einer Brotfalle, wie sie von Max und Moritz konstruiert worden war, ist auch nach der allgemeinen Lebenserfahrung geeignet, zum Tod von hungrigem Geflügel auf die von Wilhelm Busch beschriebene Art und Weise zu führen.[70]

Der Tod des Federviehs von Witwe Bolte ist demgemäß nach beiden Kausalitätstheorien Max und Moritz zuzurechnen.[71] [72]

Die beiden haben auch vorsätzlich gehandelt, da das Auslegen der Brotfalle nach ihrem gemeinschaftlichen Tatplan zum Tod der Tiere führen sollte. An der Rechtswidrigkeit des Handelns von Max und Moritz bestehen ebensowenig Zweifel, wie an ihrer Schuld: Die Hühner und der Hahn hatten Max und Moritz nichts getan.[73] [74] [75]

---

67 BGH Zivils. 7, 198, 204
68 Engisch, Die Kausalität der strafrechtlichen Tatbestände, 1931, S. 44 ff.
69 mahnend: Heinrich Lange, Herrschaft und Verfall der Lehre vom adäquaten Kausalzusammenhang, AcP 156, 114
70 George McCruel, Fifty ways to kill a hen, Arizona 1967, S. 589 ff.
71 Roesner, Der Mord, seine Täter, Motive und Opfer nebst einer Bibliographie zum Problem des Mordes, ZStW 56, 327
72 für die Beibehaltung des Erfordernisses der Kausalität: Schröder-Schönke, Kausal, nichtkausal, egal? Die Kausalitätstheorien und das Problem ihrer Umsetzung in der täglichen Praxis der Strafgerichte, in Festschrift für Metzger, Frankfurt 1970, S. 14 ff.
73 eventuelle Geräuschbelästigungen waren hinzunehmen: LG Kiel, Urteil vom 14. Mai 1965, Az 8 S 37/65 LG, zitiert nach: Das Recht der Tiere, Herausgeber Bund gegen den Mißbrauch der Tiere e. V. (vorm. Bund gegen die Vivisektion e. V.), München, S. 63 ff: »Die Hühner gackern zwar gelegentlich, dieses Geräusch von 4 Hühnern ist aber nicht wesentlich«; kritisch zu derartiger Poesie in Urteilen: Putzo, NJW 1987, 1426/siehe hierzu auch: Der Spiegel, 41. Jahrgang 1987, Heft 15. Juni, S. 47 ff./aus höherer Warte: Georg Herbert, Poesie und Grundgesetz, in Festschrift für Nagelmann, Baden-Baden 1984, S. 43 ff.
74 zu den Hintergründen der Tötung von Tieren durch Kinder und Jugendliche vgl. mit zahlreichen Fallbeispielen Wiegand, Tierquälerei durch Kinder und Jugendliche, in: Die Tierquälerei, Lübeck 1979, S. 100-101
75 siehe ferner Sellert, Das Tier in der abendländischen Rechtsauffassung, 1984, in: Studium generale, Vorträge zum Thema: Mensch und Tier, S. 66−84

E r g e b n i s :

Max und Moritz haben sich durch die Tötung der Hühner und des Hahns nach §§ 303, 25 Absatz 2 StGB der gemeinschaftlichen Sachbeschädigung strafbar gemacht.

2) Jagdwilderei, § 292 StGB[76]

Max und Moritz haben sich mit der Tötung des Federviehs keiner Jagdwilderei strafbar gemacht; bei den Hühnern und dem Hahn der Witwe Bolte handelte es sich nicht um wildlebende Tiere, die dem Jagdrecht unterliegen.[77] [78]

3) Verstoß gegen das Tierschutzgesetz, § 17 TierSchG

Naheliegend ist ein Verstoß gegen das Tierschutzgesetz.[79] Nach § 17 Nr. 1 TierSchG wird bestraft, wer ein Wirbeltier ohne vernünftigen Grund tötet.[80] [81] [82] Vernünftig ist der verständige und darum beachtliche triftige Grund.[83] [84] [85]

---

76 § 292 StGB, Jagdwilderei. »(1) Wer unter Verletzung fremden Jagdrechts dem Wilde nachstellt, es fängt, erlegt oder sich zueignet oder eine Sache, die dem fremden Jagdrecht unterliegt, sich zueignet, beschädigt oder zerstört, wird mit Freiheitsstrafe bis zu fünf Jahren oder mit Geldstrafe bestraft.«

77 §§ 1, 2 Bundesjagdgesetz

78 Lorz, Naturschutz-, Tierschutz- und Jagdrecht, München 1967, Anm. zu § 2 Bundesjagdgesetz

79 Tallarek, Wie sieht der Jurist das neue Tierschutzgesetz, in: Unser Rassehund Nr. 1/72, S. 3

80 Kant, Kritik der reinen Vernunft, Hamburg 1955, S. 23–189

81 »Vor dem Leben des Tieres soll der Mensch Achtung haben und es nicht grundlos zerstören.« (Amtl. Begr. zum RTierSchG)

82 ausführlich: v. Loeper, Das »Tier« und sein rechtlicher Status – zur Weiterentwicklung von Transparenz und Konsequenz des Tierschutzrechts, ZRP 1984, 205 ff.

83 Lorz, Anhang zu §§ 17, 18 TierSchG Rn, 18 a. E.

84 ablehnend: Kant, Fn. 80

85 unvernünftig nach Lorz Fn. 83 Rn. 49: Rekordverschlingen von Goldfischen, Hähneköppen als Volksbrauch bei Kirchweihfesten

Soweit die Tötung der Hühner und des Hahns erfolgte, um Witwe Bolte zu ärgern, liegt ein solcher Grund nicht vor.[86] [87]

Max und Moritz könnten aber auch von Beginn an den späteren Verzehr des Geflügels im Auge gehabt haben. Die Tötung von Tieren zur Ernährung kann grundsätzlich ein vernünftiger Grund im Sinne des § 17 Nr. 1 TierSchG sein.[88] [89] Voraussetzung einer straflosen Tötung eines Tieres zu Ernährungszwecken ist allerdings eine möglichst schmerzlose und fachgerechte Tötung des Tieres, wie sie bei der von Max und Moritz verwendeten Tötungsart »Brotfalle« nicht vorliegt.[90] [91] [92]

Max und Moritz haben außerdem § 17 Nr. 2a) TierSchG erfüllt, weil sie mit ihrer Brotfalle dem Federvieh aus Rohheit erhebliche Schmerzen und Leiden zugefügt haben.[93]

Ergebnis:

Max und Moritz haben sich durch das Auslegen der Brotfalle eines Verstoßes gegen § 17 Nr. 1 und Nr. 2 a) TierSchG strafbar gemacht.

86 Krumbiegel, Tierquälerei als Vorstufe sadistischer Gewaltverbrechen – Zweite Folge, in: Archiv für Kriminologie, 147. Band (1968), S. 41–45
87 Bregenzer, Tierisches Sittlichkeits- und Rechtsgefühl, Separatdruck aus: Deutscher Tierfreund, Jahrgang 1901, Heft 5–6, Leipzig 1901
88 vgl. Lorz, Fn. 83; ablehnend: G. Weitzel, Eiweißernährung und fünftes Gebot, Naturwissenschaft. Rundschau 18, 1965, S. 405–407
89 siehe auch: C. A. Skriver, Der Verrat der Kirchen an den Tieren, München 1967, S. 155 ff.
90 siehe in dem Zusammenhang für den gewerblichen Bereich die Schlachtverordnung vom 21. April 1933, 14. November 1934 und 10. November 1952 (RGBl I 212, 1163/BGBl I 748), nach der gemäß § 1 als Schlachten auch das Töten von Geflügel durch Ersticken gilt. Die Tötung darf grundsätzlich nicht ohne vorherige Betäubung erfolgen, §§ 4, 6 Schlachtverordnung. Sie kann nach § 6 Abs. 1 »bei Geflügel mit einem genügend schweren Holzstück ausgeführt werden.« Nach § 8 ist die Betäubung von Geflügel nur dann nicht erforderlich, wenn »das Schlachten durch schnelles, vollständiges Abtrennen des Kopfes vom Rumpfe erfolgt.«
91 zur Tierquälerei bei »Privatschlachtung« von Hühnern: Wiegand, Die Tierquälerei, Lübeck 1979, S. 87–88
92 siehe hierzu auch: Methoden zur tierschutzgerechten Tötung von Tieren, herausgegeben von: The Universities Federation of Animal Welfare (UFAW), übertragen ins Deutsche von K. Gärtner und E. Ruppert, Hannover 1973
93 vergleichbare Fälle aus der Rechtsprechung sind nachzulesen bei Wiegand, Die Tierquälerei, S. 101

C. DIE DREI ZERBROCHENEN EIER

Sachbeschädigung, § 303 StGB

Die drei Hühner der Witwe Bolte legten im Todeskampf am dürren Ast des Apfelbaums ihre letzten Eier; die Eier fielen zu Boden.[94] Ob sie beim Aufprall zerstört wurden und damit eine weitere Sachbeschädigung in Betracht kommt, verschweigt Wilhelm Busch seinen Lesern.[95] Es muß daher ermittelt werden, was mit den Eiern geschah.

Schon die Höhe, aus der die Eier fielen, legt die Annahme ihrer Zerstörung nahe.[96] Entscheidend ist aber schließlich die Erwägung, daß Witwe Bolte unversehrte Eier sicherlich mit ins Haus genommen hätte. Jemand, der wie Witwe Bolte optimalen Nutzen aus seinem Federvieh zog, hätte unbeschädigte Eier nicht einfach im Hof liegengelassen.[97] [98] [99] Es ist daher von einer Zerstörung der Eier auszugehen.

Die zerstörten Eier waren für Max und Moritz fremde Sachen, da sie als Früchte der Hühner (§ 99 Absatz 1 BGB) nach ihrem Austritt

---

94 siehe hierzu: EWG-Verordnung Nr. 2782/75 über die Erzeugung von und den Verkehr mit Bruteiern und Küken vom Hausgeflügel vom 29. Oktober 1975 und die EWG-Verordnung Nr. 1868/77 zur Durchführung der VO (EWG) Nr. 2782/75 vom 29. Juli 1977

95 Fabricius, Schweigen als Willenserklärung, JuS 1966, 1 ff., 50 ff.

96 A. Einstein, Die Relativitätstheorie und ihre praktische Anwendung für den Geflügelzüchter – Chancen und Gefahren, in: Unser Geflügel und Wir, Jahrgang 1953 Heft 83, S. 5; s. a Barbara u. Dieter P. Lotze, Durchweg lebendig – Wilhelm Busch und die Physik, in: Wilhelm-Busch-Jahrbuch 1985, Hannover 1986, S. 7–18

97 »Mancher gibt sich viele Müh
Mit dem lieben Federvieh;
Einesteils der Eier wegen,
. . .«

98 ausführlich: Baumeister, Das Nahrungsmittel Ei, Zeitschrift Deutscher Kleintier Züchter (Ausgabe Geflügel), 25. November 1983, S. 12

99 K. Wieland, Eierlegen in jeder Lage – Hinweise zur Optimierung der Legehennenhaltung, in: Die Legehenne, 1975, S. 18 ff.

(Abflug) aus dem Körper der Tiere nach § 953 BGB in das Eigentum der Witwe Bolte übergingen.[100] [101]

Angesichts des ungewöhnlichen Kausalverlaufs könnte aber die Frage problematisch sein, ob das Verhalten von Max und Moritz überhaupt ursächlich für die Zerstörung der Eier war.[102] Sie braucht nicht beantwortet zu werden, da die beiden jedenfalls nicht den Vorsatz zur Eierzerstörung hatten. Obwohl Max und Moritz – wie bereits ihre Brotfalle zeigt – mit bemerkenswerter Phantasie ausgestattet waren, haben sie das Eierlegen im Todeskampf nicht vorhergesehen.[103] [104] Sie wollten die Hühner töten, nicht deren erst noch zu legende Eier beschädigen.

Ergebnis:

Max und Moritz können im Hinblick auf die zerstörten Eier nicht wegen Sachbeschädigung bestraft werden.

---

100 § 99 Absatz 1 BGB. »Früchte einer Sache sind Erzeugnisse der Sache und die sonstige Ausbeute, welche aus der Sache ihrer Bestimmung gemäß gewonnen wird.«
101 Palandt-Heinrichs, Kommentar zum BGB, § 99 Rn.2 a): »Unmittelbare Sachfrüchte sind die organischen Erzeugnisse (z. B. Ei des Huhnes, Kalb von der Kuh, Wolle vom Schaf)«
102 Adäquanztheorie: s. unter Fn. 67–68; dagegen aber: Lange, Herrschaft und Verfall der Lehre vom adäquaten Kausalzusammenhang, AcP 156, 114; gegen die Kritik Lange's aber: Weitnauer, Zur Lehre vom adäquaten Kausalzusammenhang – Versuch einer Ehrenrettung, Festg. für K. Oftinger, 1969, S. 231 ff.
103 ein auch in Fachkreisen weithin unbekanntes Tierphänomen: vgl. Fölsch, Unterschiedliches Legeverhalten von unter verschiedenen Bedingungen gehaltenen Hennen, Vortrag auf der 28. Jahrestagung der Europäischen Vereinigung für Tierzucht, Brüssel, 1977
104 weitere Hinweise: VGH Mannheim, NJW 1986, 395 ff. (Käfighaltung von Legehennen)

D. DIE TRAUER DER WITWE BOLTE
UM IHR VERSTORBENES FEDERVIEH

Vorsätzliche Körperverletzung, § 223 StGB[105]

Witwe Bolte brach unter dem Eindruck des Todes ihres geliebten Federviehs tiefbetrübt und sorgenschwer in Tränen aus; immerhin hing der schönste Traum ihres Lebens am Apfelbaum.[106] [107] [108] Die Zerstörung des Lebenstraums könnte sich rechtlich als eine von Max und Moritz vorsätzlich begangene Körperverletzung darstellen.

Max und Moritz haben nicht unmittelbar auf den Körper von Frau Bolte eingewirkt. Eine Gesundheitsbeschädigung kann aber anerkanntermaßen auch durch seelische Einwirkungen in strafwürdiger Weise verursacht sein, wenn sie zu einer mehr als nur unerheblichen Beeinträchtigung des körperlichen Wohlbefindens beim Opfer führen.[109] [110] [111] Eine solche körperliche Beeinträchtigung wird von der Rechtsprechung bei einem Schock, Herzanfall oder Nervenzusammenbruch angenommen.[112] [113] [114]

---

105 § 223 StGB, Körperverletzung. »(1) Wer einen anderen körperlich mißhandelt oder an der Gesundheit beschädigt, wird mit Freiheitsstrafe bis zu drei Jahren oder mit Geldstrafe bestraft.«
106 »Fließet aus dem Aug, ihr Tränen!
   All mein Hoffen, all mein Sehnen,
   Meines Lebens schönster Traum
   Hängt an diesem Apfelbaum!«
107 zynischerweise mittlerweile ein »geflügeltes Wort«: Büchmann, Geflügelte Worte, S. 358
108 S. Freud, Die Traumdeutung, Wien 1900, S. 214/ ders., Über Träume und Traumdeutungen, Wien 1921/ dazu aber kritisch: J. vom Scheidt, Freud und das Kokain; Die Selbstversuche als Anstoß zur »Traumdeutung«, München 1973
109 Leipziger Kommentar zum StGB, Hirsch, vor § 223 StGB Rn.1
110 LG Aachen NJW 1950, 759 (Nervenzusammenbruch)
111 OLG Hamm MDR 1958, 939 (Schrecken ist keine Körperverletzung)
112 OLG Hamm MDR 1958, 939 (Kollaps, Schrecklähmung)
113 OLG Stuttgart NJW 1959, 831 (Schock, der das Maß der kleineren Unannehmlichkeiten des Lebens übersteigt)
114 Grebing, Die verhängnisvolle Whiskyflasche, Jura 1980, 98

Witwe Bolte war unmittelbar nach der Zerstörung ihres Lebenstraums in der Lage, »die Toten von den Strängen zu nehmen«. Sie dachte sogar alsbald an eine sachgerechte Verwertung des Federviehs durch Verzehr. Der Appetit und die Denkfähigkeit der Witwe Bolte hatten also nicht gelitten. Sie konnte außerdem ihre verstorbenen Tiere geschickt bratfertig machen und sich ohne erkennbare Mühen in den Keller begeben, um sich zur Erhöhung des kulinarischen Genusses eine Portion Sauerkohl zu holen.[115]

Angesichts dieser Umstände kann nur festgestellt werden, daß Witwe Boltes seelisches Wohlbefinden nach dem Tod ihres Geflügels zwar kurzfristig gestört war, eine Körperverletzung nach § 223 StGB bei ihr aber nicht eingetreten ist.[116]

Ergebnis:

Max und Moritz haben sich keiner Körperverletzung der Witwe Bolte strafbar gemacht.

E. GESAMTERGEBNIS DES 1. STREICHS

Max und Moritz haben den Tatbestand des Hausfriedensbruchs, der Sachbeschädigung und der Tierquälerei erfüllt. Da insoweit mehrere Straftaten zusammentreffen, stellt sich die Frage, in welchem Verhältnis sie zueinander stehen (sog. Konkurrenz).[117] [118] [119]

---

115 Dr. Oetker, Feine Küche, Bielefeld 1980, S. 103 ff.
116 Venzmer, Das neue große Gesundheitsbuch, Gütersloh 1965, S. 592 aus dem gleichen Grund scheidet auch eine fahrlässige Körperverletzung nach § 230 StGB aus
117 § 52 Absatz 1 StGB.»Verletzt dieselbe Handlung mehrere Strafgesetze oder dasselbe Strafgesetz mehrmals, so wird nur auf eine Strafe erkannt.«
118 § 53 Abs. 1 StGB.»Hat jemand mehrere Straftaten begangen, die gleichzeitig abgeurteilt werden, und dadurch mehrere zeitige Freiheitsstrafen oder mehrere Geldstrafen verwirkt, so wird auf eine Gesamtstrafe erkannt.«
119 Kristian Kühl, Das leidige Thema der Konkurrenzen, JA 1978, 475 ff.

Max und Moritz quälten und töteten die drei Hühner und den Hahn durch ein und dieselbe Handlung; es liegt deshalb ein Fall der sog. gleichartigen Idealkonkurrenz vor, § 52 StGB.[120] [121] Der Hausfriedensbruch steht als Dauerdelikt zu den vorgenannten Straftaten ebenfalls in Idealkonkurrenz.[122]

---

120 Schönke-Stree, § 52 StGB Rn. 22
121 anders: Lorz, § 17 TierSchG Rn. 29
122 Schönke-Lenckner, § 123 StGB Rn. 37

Zweiter Streich.

Als die gute Witwe Bolte
Sich von ihrem Schmerz erholte,
Dachte sie so hin und her,
Daß es wohl das beste wär',
Die Verstorb'nen, die hienieden
Schon so frühe abgeschieden,
Ganz im stillen und in Ehren
Gut gebraten zu verzehren. —
— Freilich war die Trauer groß,
Als sie nun so nackt und bloß
Abgerupft am Herde lagen,
Sie, die einst in schönen Tagen
Bald im Hofe, bald im Garten
Lebensfroh im Sande scharrten. —

Durch den Schornstein mit Vergnügen
Sehen sie die Hühner liegen,
Die schon ohne Kopf und Gurgeln
Lieblich in der Pfanne schmurgeln.

Eben geht mit einem Teller
Witwe Bolte in den Keller,

Ach, Frau Bolte weint aufs neu,
Und der Spitz steht auch dabei.
Max und Moritz rochen dieses;
„Schnell aufs Dach gekrochen!" hieß es.

Daß sie von dem Sauerkohle
Eine Portion sich hole,

Wofür sie besonders schwärmt,
Wenn er wieder aufgewärmt. —
— Unterdessen auf dem Dache
Ist man tätig bei der Sache.
Max hat schon mit Vorbedacht
Eine Angel mitgebracht.

Aber schon sind sie ganz munter
Fort und von dem Dach herunter.
Na! Das wird Spektakel geben,
Denn Frau Bolte kommt soeben;
Angewurzelt stand sie da,
Als sie nach der Pfanne sah.

Alle Hühner waren fort,
„Spitz!" — Das war ihr erstes Wort.

Schnupdiwup! da wird nach oben
Schon ein Huhn heraufgehoben;
Schnupdiwup! Jetzt Num'ro zwei;
Schnupdiwup! Jetzt Num'ro drei;
Und jetzt kommt noch Num'ro vier:
Schnupdiwup! Dich haben wir!
Zwar der Spitz sah es genau
Und er bellt: Rawau! Rawau!

„Oh, du Spitz, du Ungetüm!
Aber wart! ich komme ihm!"

Mit dem Löffel groß und schwer
Geht es über Spitzen her;
Laut ertönt sein Wehgeschrei,
Denn er fühlt sich schuldenfrei.

Max und Moritz im Verstecke
Schnarchen aber an der Hecke.
Und vom ganzen Hühnerschmaus
Guckt nur noch ein Bein heraus.

Dieses war der zweite Streich,
Doch der dritte folgt sogleich.

DER 2. STREICH

A. DAS ANGELN UND VERSPEISEN DER GEBRATENEN HÜHNER UND DES GEBRATENEN HAHNS

1) Diebstahl, §§ 242, 243 Absatz 1 Nr. 1 StGB

Max und Moritz könnten sich durch das Angeln und Verspeisen des gebratenen Federviehs eines gemeinschaftlichen Diebstahls in einem besonders schweren Fall strafbar gemacht haben.[123] [124] [125] Das Angeln der Tiere müßte dann strafrechtlich als Wegnahme von Sachen zu werten sein. Unter einer Wegnahme versteht man den Bruch fremden und Begründung neuen, nicht notwendig eigenen Gewahrsams.[126] [127] [128] [129]

Das gebratene Geflügel schmurgelte lieblich in einer Pfanne auf dem Herd der Witwe Bolte und unterstand damit ihrem Gewahrsam. Max und Moritz haben diesen fremden Gewahrsam bereits zu dem Zeitpunkt gebrochen, als sie die Hühner und den Hahn erfolgreich aus dem Schornstein herausangelten.[130] [131]

---

123 § 242 StGB. Diebstahl. »Wer eine fremde bewegliche Sache einem anderen in der Absicht wegnimmt, dieselbe sich rechtswidrig zuzueignen, wird mit Freiheitsstrafe bis zu fünf Jahren oder mit Geldstrafe bestraft«; der Gesetzestext für den besonders schweren Fall des Diebstahls findet sich auszugsweise weiter unten in Fn. 135

124 Illies, Tiere als Nahrung des Menschen, in: Anthropologie des Tieres, 1977. S. 76 ff.

125 »Alles, was sich regt und lebt, das sei eure Speise, wie das grüne Kraut habe ich's euch alles gegeben.«, Genesis 9, 3

126 Mezger, Vom Sinn der strafbaren Handlung, a.a.O.

127 RG Strafs. 48, 58 (Gänsebuchtfall): »Wegnahme liegt vor, wenn ein Täter die in einer fremden Gänsebucht befindlichen und einem anderen gehörenden Gänse heraustreibt.«

128 Herzberg, Betrug und Diebstahl durch listige Sachverschaffung, ZStW 89, 367 ff.

129 Lackner, § 242 3 c) a. E.: »Auf die Mittel, mit denen der Wechsel im Gewahrsam herbeigeführt wird, kommt es nicht an (z. B. Hühnerdiebstahl durch dressierten Hund).«

130 BGH MDR 1955, 145

131 Gewahrsamsbruch liegt spätestens mit dem unbemerkten Verlassen des Grundstücks unter Mitnahme der »Beute« vor

Neuer Gewahrsam wurde begründet, als Max und Moritz das gebratene Geflügel in ihrem Verstecke hinter der Hecke genüßlich verspeisten. Spätestens im Augenblick des Verzehrs wurde nämlich Witwe Bolte von jedem weiteren Einfluß auf ihr gebratenes Federvieh ausgeschlossen.[132] Max und Moritz handelten dabei auch in der für einen Diebstahl erforderlichen Zueignungsabsicht, weil jeder von ihnen die gebratenen Tiere – genau wie die Eigentümerin Bolte – verspeisen wollte.[133]

Ihr Handeln war durch nichts zu rechtfertigen; Max und Moritz haben schuldhaft gehandelt.

Zu untersuchen bleibt, ob sogar ein Diebstahl in einem besonders schweren Fall vorliegt.[134] Zu denken ist an einen sog. Einsteigediebstahl nach § 243 Absatz 1 Nr. 1 StGB. Hiernach wird ein Täter, der zum Zweck des Diebstahls in einen umschlossenen Raum einbricht oder einsteigt, schärfer bestraft.[135]

Ein Einsteigediebstahl setzt das Eindringen eines großen Teils des Körpers in den geschützten Raum voraus; ein Hineinlangen ist kein Einsteigen.[136] [137]

Max und Moritz angelten das gebratene Geflügel aus dem Schornstein heraus, ohne hierbei mit einem großen Teil des Körpers in den Schornstein einzudringen. Die Beurteilung ihrer Tat als Einsteigediebstahl erscheint daher unter Berücksichtigung der einschlägigen Rechtsprechung sehr zweifelhaft.[138]

---

132 richtungsweisend OLG Köln NJW 1986, 392 für einen Parallelfall (Schnapsfall): »In dem Augenblick des Schnapstrinkens wurde der bisherige Gewahrsamsinhaber von jedem Einfluß auf diesen Teil seiner Ware ausgeschlossen. In jenem Moment war dieser Teil der Ware nach der Lebensauffassung eindeutig der Herrschaftssphäre des Täters zuzuordnen.«
133 im Einzelnen: Eser, Zur Zueignungsabsicht beim Diebstahl, JuS 1964, 477
134 hierzu: Furtner, Der schwere, besonders schwere und minder schwere Fall im Strafrecht, JR 1969, 11 ff.
135 § 243 StGB. »Ein besonders schwerer Fall liegt in der Regel vor, wenn der Täter
1. zur Ausführung der Tat in ein Gebäude, eine Wohnung, einen Dienst- oder Geschäftsraum oder in einen anderen umschlossenen Raum einbricht, einsteigt, . . .«
136 BGH Strafs. 10, 132 (Schuppenfall)
137 BayObLG JZ 1973, 324 (Reifenanglerfall)
138 siehe nur BayObLG JZ 1973, (Reifenanglerfall): »Bei der gegebenen Sachlage, bei der der Täter die zu stehlende Sache nur › herausangeln ‹, selbst aber außerhalb des Raumes bleiben wollte, liegen diese Voraussetzungen (des Einsteigediebstahls; Anm. des Autors) nicht vor.«

Ob hier ausnahmsweise doch ein Einsteigediebstahl anzunehmen ist, braucht nicht entschieden zu werden, wenn sich die Tat der beiden auf eine »geringwertige Sache« bezogen hätte. Beim Diebstahl geringwertiger Sachen ist nämlich nach § 243 Absatz 2 StGB ein besonders schwerer Fall des Diebstahls ausgeschlossen.

Der Wert einer Sache ist dann gering, wenn er nach allgemeiner Verkehrsauffassung als unerheblich sowohl für Gewinn wie für den Verlust angesehen wird. Sind – wie hier – mehrere als Täter beteiligt, so bestimmt sich die Geringwertigkeit nicht etwa nach dem auf den einzelnen Beteiligten umgelegten Anteil, sondern nach der Gesamtmenge des Erbeuteten.[138 a]

Von entscheidender strafrechtlicher Bedeutung ist demnach der Verkehrswert von drei gebratenen Hühnern und einem gebratenen Hahn. Die speziellen Affektionsinteressen der Witwe Bolte haben nach dem erklärten Willen des Gesetzgebers außer Betracht zu bleiben.[139]

Bei einem (lebenden) Huhn im Wert von 5 DM hat der Bundesgerichtshof im Jahr 1954 Geringwertigkeit angenommen, obwohl damals breite Kreise nicht in der Lage waren, »sich den Luxus eines Huhns zu leisten«.[140] Heute wird der Grenzwert für Geringwertigkeit bei etwa 50 DM angesetzt.[141]

Preise für gebratene Hühner sind dem Autor nicht bekannt. Legt man für die gebratenen Hühner die gerichtsbekannten Preise für gebratene Hähnchen zugrunde, die in Grillstuben durchschnittlich verlangt werden, wird bei dem gebratenen Federvieh der Frau Bolte insgesamt der Betrag von 50 DM nicht erreicht.

Ein besonders schwerer Fall des Diebstahls scheidet daher aus. Der für den einfachen Diebstahl des geringwertigen Federviehs gemäß § 248 a StGB erforderliche Strafantrag der Witwe Bolte liegt vor.[142 143]

138a Schönke-Eser, 248 a StGB Rn. 15
139 Bundestags-Drucksache 7/1261 S. 27
140 BGH Strafs. b. Dallinger MDR 1954, 336 (Huhnfall): »Ein Huhn im Wert von 5 DM ist ein Gegenstand von geringem und unbedeutendem Wert.«
141 LG Kempten NJW 1981, 933
142 § 248 a StGB. Diebstahl und Unterschlagung geringwertiger Sachen. »Der Diebstahl

Ergebnis:

Max und Moritz haben sich durch das Angeln und Verspeisen des gebratenen Federviehs der Witwe Bolte des gemeinschaftlichen Diebstahls nach §§ 242, 25 Absatz 2 StGB strafbar gemacht.[144]

2) Unterschlagung, § 246 StGB

Der Verzehr der Hühner und des Hahns sind nach herrschender Meinung in der Literatur außerdem eine Unterschlagung, die aber als mitbestrafte Nachtat neben dem Diebstahl nicht gesondert zum Ansatz kommt.[145] Der Bundesgerichtshof hält eine Unterschlagung nicht für möglich, wenn Täter wie Max und Moritz an den Sachen bereits zuvor auf schuldhafte und strafbare Weise Eigenbesitz begründet haben.[146]

Ergebnis:

Eine Bestrafung von Max und Moritz wegen Unterschlagung scheidet aus.

3) Sachbeschädigung, § 303 StGB

Der bestimmungsgemäße Verbrauch von Sachen − wie hier der Verzehr von Lebensmitteln − ist keine Sachbeschädigung.[147]

---

und die Unterschlagung geringwertiger Sachen werden in den Fällen der §§ 242 und 246 nur auf Antrag verfolgt, es sei denn, daß die Strafverfolgungsbehörde wegen des besonderen öffentlichen Interesses an der Strafverfolgung ein Einschreiten von Amts wegen für geboten hält.«

143 vgl. Fn. 19
144 zur Verfassungsmäßigkeit des Bagatelldiebstahls ausführlich: BVerfG NJW 1979, 1039 ff.; siehe auch Baumann, Bekämpfung oder Verwaltung der Kleinkriminalität, in Schröder-GedSchr., S. 523 ff.
145 für weitere Nachforschungen zu dem Thema tritt ein: Schwäble, Zur wissenschaftlichen Selbstdarstellung − oder Ratschläge für jüngere Juristen, in Festschrift für Nagelmann, Baden-Baden, 1984, S. 453
146 BGH Strafs. 14, 38
147 Schönke-Stree, § 303 StGB Rn. 10

Ergebnis:

Eine Sachbeschädigung liegt nicht vor.

4) Hehlerei, § 259 StGB

Der Stehler ist kein Hehler.[148] [149] [150]

Ergebnis:

Hehlerei an Hühnern und Hahn haben Max und Moritz nicht getan.

5) Hausfriedensbruch, § 123 StGB

Zur Verwirklichung ihrer kriminellen Pläne haben die Lausbuben das Grundstück der Witwe betreten und sind ihr auf das Dach gestiegen.

Ergebnis:

Max und Moritz haben einen weiteren Hausfriedensbruch begangen, § 123 StGB.

6) Bildung einer kriminellen Vereinigung, § 129 StGB[151]

Wie schon im 2. Streich erkennbar wird, haben sich Max und Moritz zur Begehung von Straftaten zusammengeschlossen. Sie bilden

---

148 mit anderen Worten: BGH Strafs. 7, 137
149 dagegen: Oellers, Der Hehler ist schlimmer als der Stehler, GA 1967, 6
150 siehe auch: Weiß, Die Hehler, 1930, KriminalAbh. Heft 13
151 § 129 StGB. Bildung krimineller Vereinigungen. »(1) Wer eine Vereinigung gründet,

aber trotzdem keine kriminelle Vereinigung nach § 129 StGB, weil hierunter nur ein auf gewisse Dauer berechneter organisatorischer Zusammenschluß von mehr als zwei Personen fällt.[152]

B. PRÜGEL FÜR SPITZ

I. Strafbarkeit der Witwe Bolte

1) Sachbeschädigung, § 303 StGB

Eine Sachbeschädigung scheidet aus, da diese Vorschrift nur die Beschädigung »fremder Sachen« unter Strafe stellt. Spitz stand aber im Eigentum der Witwe Bolte. Sie durfte ihren eigenen Hund deshalb beschädigen wie sie wollte.[153] [154] [155]

Ergebnis:

Witwe Bolte hat sich durch das Prügeln des Spitz keiner Sachbeschädigung strafbar gemacht.

---

deren Zweck oder deren Tätigkeit darauf gerichtet sind, Straftaten zu begehen, oder wer sich an einer solchen kriminellen Vereinigung als Mitglied beteiligt, für sie wirbt oder sie unterstützt, wird mit Freiheitsstrafe bis zu fünf Jahren oder mit Geldstrafe bestraft.«

152 Lackner, Kommentar zum StGB, § 129 StGB Rn. 2 a
153 zum Ganzen: Brehm, Dein Hund im Recht, 1980
154 Spitaler, Wie können wir das Elend von Kettenhunden lindern?, RdT 1962, Heft 1/2 S. 8
155 s. auch die Verordnung über das Halten von Hunden vom 6. Juni 1974, BGBl I S. 1265

2) Verstoß gegen das Tierschutzgesetz, § 17 TierSchG

Witwe Bolte schlug wutentbrannt auf Spitz mit einem großen und schweren Löffel ein; laut ertönte sein Wehgeschrei. Angesichts eines solchen Verhaltens einer Hundehalterin drängt sich die Frage auf, ob ein Verstoß gegen das Tierschutzgesetz vorliegt.[156] [157] Als einschlägige Strafvorschrift kommt § 17 Nr. 2 a) des TierSchG in Betracht. Hiernach wird mit Freiheitsstrafe bis zu zwei Jahren oder mit Geldstrafe bestraft, wer einem Wirbeltier aus Roheit erhebliche Schmerzen oder Leiden zufügt.[158]

Spitz ist von Witwe Bolte mit den Schlägen physisch und psychisch mißhandelt worden.[159] [160] Problematisch ist die Frage, ob Witwe Bolte aus Roheit gehandelt hat. Immerhin bestand gegen Spitz der dringende Verdacht, die gebratenen Hühner und den gebratenen Hahn ohne Erlaubnis verzehrt zu haben.

Roh ist eine Mißhandlung nur dann, wenn sie einer gefühllosen Gesinnung entspringt.[161] [162] Das ist dann nicht der Fall, »wenn ein Täter mit der von ihm notwendig erachteten Handlungsweise einen vernünftigen, berechtigten Zweck – wie etwa bei einer Züchtigung – dienen will«.[163]

Witwe Bolte wollte mit den Schlägen Spitz dazu erziehen, sich zukünftig nicht »nochmals« an einer ihrer Mahlzeiten zu vergreifen. Berücksichtigt man zudem, daß Frau Bolte aus einer augenblicklichen Erregung zuschlug, kann insgesamt von einem rohen Handeln nicht gesprochen werden.[164]

---

156 Tierschutzgesetz in der Fassung der Bekanntmachung vom 18. August 1986, BGBl, III 7833-3

157 Tallarek, Wie sieht der Jurist das neue Tierschutzgesetz, in: Unser Rassehund, Nr. 1/72, S. 3

158 Lorz, § 17 Rn. 30: »Die Vorschrift dient dem Schutz des Wohlbefindens von Tieren.«

159 »Laut ertönt sein Wehgeschrei,
     Denn er fühlt sich schuldenfrei.«

160 Tierfolter – Eine Zusammenstellung von Tierfoltern, herausgegeben von der Initiative gegen Tierversuche München e. V., Ottobrunn 1978

161 Schmidhäuser, Gesinnungsmerkmale im Strafrecht, 1958

162 Lorz, Tierschutzgesetz, § 17 Rn. 38

163 Lorz, Tierschutzgesetz, 417 Rn. 38; s. a. Illies, Der Mensch als Herr der Tiere, in: Anthropologie der Tiere, S. 42 ff.

164 BGH Strafs. 3, 105

§ 17 Nr. 2 a) TierSchG scheidet aus. Gleiches gilt für § 17 Nr. 2 b) TierSchG, da Witwe Bolte Spitz nicht quälerisch mißhandelte.[165]

Ergebnis:

Witwe Bolte hat sich durch das Verprügeln des Spitz nicht nach § 17 TierSchG strafbar gemacht.

II. Strafbarkeit von Max und Moritz

Sachbeschädigung, §§ 303 StGB

Max und Moritz könnten sich einer Sachbeschädigung des Spitz strafbar gemacht haben, wenn sie als mittelbare Täter (§ 25 Absatz 1 2. Alt. StGB) Witwe Bolte zum Schlagen des Spitz einsetzten.[166]

Witwe Bolte kann grundsätzlich Tatmittlerin von Max und Moritz gewesen sein, weil sie sich über die Verantwortlichkeit des Spitz für das Abhandenkommen des gebratenen Geflügels irrte und sich wegen des Verprügelns von Spitz nicht strafbar gemacht hat.

Max und Moritz hatten aber nicht den Vorsatz, Spitz durch Witwe Bolte prügeln zu lassen. Wie ihr Verhalten nach dem Angeln zeigt, kam es ihnen nur auf die gebratenen Hühner und den gebratenen Hahn an. Wenn sie Prügel für Spitz gewollt hätten, wären sie sicherlich länger am Schornstein geblieben und hätten sich an seinem Wehgeschrei erfreut.

---

165 a. A.: B. Grzimek in seinem Geleitwort zu Ennulat/Zoebe, Das Tier im neuen Recht, Stuttgart u. a., 1973, S. 3−4
166 § 25 Abs. 1 StGB. »Als Täter wird bestraft, wer die Tat selbst oder durch einen anderen begeht.«

Ergebnis:

Max und Moritz haben sich keiner Sachbeschädigung des Spitz strafbar gemacht.[167]

C. GESAMTERGEBNIS DES 2. STREICHES

Max und Moritz haben den Tatbestand des Diebstahls und Hausfriedensbruchs verwirklicht. Der Diebstahl der Hühner und des Hahns steht sowohl untereinander, als auch im Verhältnis zum Hausfriedensbruch in Idealkonkurrenz.[168] [169]
Witwe Bolte hat keine Straftat begangen.

---

167 ein Verstoß gegen das Tierschutzgesetz scheidet aus den gleichen Gründen – fehlender Vorsatz – aus
168 Kowalski, Handbuch der Konkurrenzen, München/Köln/New York 1987, Band XII, S. 369
169 Schönke-Lenckner, § 123 StGB Rn. 37

Dritter Streich.

Jedermann im Dorfe kannte
Einen, der sich Böck benannte.

Alltagsröcke, Sonntagsröcke,
Lange Hosen, spitze Fräcke,
Westen mit bequemen Taschen,
Warme Mäntel und Gamaschen —
Alle diese Kleidungssachen
Wußte Schneider Böck zu machen. —
Oder wäre was zu flicken,
Abzuschneiden, anzustücken,
Oder gar ein Knopf der Hose
Abgerissen oder lose —
Wie und wo und wann es sei,
Hinten, vorne, einerlei —
Alles macht der Meister Böck,
Denn das ist sein Lebenszweck. —
D'rum so hat in der Gemeinde
Jedermann ihn gern zum Freunde. —
— Aber Max und Moritz dachten,
Wie sie ihn verdrießlich machten.

Nämlich vor des Meisters Hause
Floß ein Wasser mit Gebrause.

Übers Wasser führt ein Steg
Und darüber geht der Weg.

Max und Moritz, gar nicht träge,
Sägen heimlich mit der Säge,
Ritzeratze! voller Tücke,
In die Brücke eine Lücke.

Als nun diese Tat vorbei,
Hört man plötzlich ein Geschrei:

„He, heraus! du Ziegen-Böck!
Schneider, Schneider, meck, meck, meck!" —
— Alles konnte Böck ertragen,
Ohne nur ein Wort zu sagen;
Aber, wenn er dies erfuhr,
Ging's ihm wider die Natur.

Schnelle springt er mit der Elle
Über seines Hauses Schwelle,

Denn schon wieder ihm zum Schreck
Tönt ein lautes: „Meck, meck, meck!"

Und schon ist er auf der Brücke,
Kracks! Die Brücke bricht in Stücke;

Wieder tönt es: „Meck, meck, meck!"
Plumps! Da ist der Schneider weg!

Grad als dieses vorgekommen,
Kommt ein Gänsepaar geschwommen,

Welches Böck in Todeshast
Krampfhaft bei den Beinen faßt.

Beide Gänse in der Hand,
Flattert er auf trocknes Land.

Übrigens bei alle dem
Ist so etwas nicht bequem!

Wie denn Böck von der Geschichte
Auch das Magendrücken kriegte.

Hoch ist hier Frau Böck zu preisen!
Denn ein heißes Bügeleisen,
Auf den kalten Leib gebracht,

Hat es wieder gut gemacht.
— Bald im Dorf hinauf, hinunter,
Hieß es, Böck ist wieder munter.

Dieses war der dritte Streich,
Doch der vierte folgt sogleich.

DER 3. STREICH

A. DAS LOCKEN DES MEISTERS BÖCK AUF DIE ANGESÄGTE BRÜCKE

1) Versuchter Totschlag oder Mord, §§ 212, 211, 22, 23 StGB

Eine Bestrafung von Max und Moritz wegen versuchten Totschlags oder versuchten Mordes an Meister Böck würde voraussetzen, daß die beiden mit Tötungsvorsatz die Brücke ansägten und Böck auf die Brücke lockten.[170] [171] [172] [173] [174] Hiervon kann aber keine Rede sein, da Max und Moritz den Böck nur »verdrießlich« machen, nicht aber töten wollten.[175] [176]

Ergebnis:

Max und Moritz haben sich keines Totschlags- oder Mordversuchs an Schneider Böck strafbar gemacht.

---

170 Busch, Über die vorsätzliche Tötung, Ritter Festschrift 1957, 287
171 Roesner, Der Mord, seine Täter, Motive und Opfer nebst einer Bibliographie zum Problem des Mordes, ZStW 56, 327
172 umfassende Darstellung zum Wassertod: Neugebauer, Mord durch Ertränken, Kriminalistik 1959, 63 ff.
173 siehe zum Wassertod auch: v. Pidde, Richard Wagners »Ring des Nibelungen« im Lichte des deutschen Strafrechts, Hamburg 1979, S. 66
174 dazu außerdem: Revensdorf, Über den Tod durch Ertränken und konkurrierende Todesursachen, in: Münchener Medizinische Wochenschrift, Nr. 2, 1906
175 »Aber Max und Moritz dachten,
   wie sie ihn verdrießlich machten.«
176 für einen dolus eventualis gibt es nicht genügend Anhaltspunkte; hierzu näher: v. Liszt, Die Behandlung des dolus eventualis im Strafrecht, Ges. Aufsätze, 1898, II, S. 251 / siehe auch rechtsvergl.: Kazimierz Buchala, Der Dolus Eventualis in der polnischen Strafrechtslehre und Rechtsprechung, in Festschr. für Hilde Kaufmann, Berlin/New York, 1986, S. 377 ff.

2) Gefährliche Körperverletzung, §§ 223, 223 a StGB

Meister Böck hat durch den von Max und Moritz vorsätzlich verursachten Sturz in das Wasser Magendrücken bekommen; bei ihm ist also eine Gesundheitsbeschädigung i. S. d. § 223 StGB eingetreten.[177]

Es könnte sogar ein erschwerter Fall der Körperverletzung gemäß § 223 a StGB vorliegen. Zu denken ist an einen »hinterlistigen Überfall.«[178] [179] Max und Moritz haben aber Schneider Böck von Anfang an zu erkennen gegeben, daß sie ihm Böses wollten und ihm lediglich aus nachvollziehbaren taktischen Gründen die genaue Art des ihm drohenden Übels verschwiegen. Ihr Verhalten war damit listig, nicht aber »hinterlistig«.[180]

In Betracht kommt eine »von mehreren gemeinschaftlich begangene Körperverletzung«. Max und Moritz haben am Tatort gemeinsam »in die Brücke eine Lücke« gesägt und gemeinsam Meister Böck zum Begehen der »Brücke« provoziert. Es fehlt aber am spezifischen Gefährlichkeitsmoment einer gemeinschaftlichen Körperverletzung.[181] Für Schneider Böcks »Abwehrchancen« war es gänzlich unerheblich, wieviel Täter auf der anderen Seite des Flusses standen.

Verwirklicht ist aber eine Körperverletzung »mittels einer das Leben gefährdenden Behandlung«. Meister Böck konnte sich nach

---

177 »Wie denn Böck von der Geschichte
　　Auch das Magendrücken kriegte«
178 § 223 a StGB. Gefährliche Körperverletzung. «(1) Ist die Körperverletzung mittels einer Waffe, insbesondere eines Messers oder eines anderen gefährlichen Werkzeugs oder mittels eines hinterlistigen Überfalls oder von mehreren gemeinschaftlich begangen oder mittels einer das Leben gefährdenden Behandlung begangen, so ist Strafe Freiheitsstrafe bis zu fünf Jahren oder Geldstrafe.«
179 als Musterbeispiel gilt etwa ein Angriff nach vorgetäuschter Friedfertigkeit: BGH Strafs. bei Dallinger MDR 1956, 526 (»Guten Abend, Iwan«)
180 der Fall wäre u. U. anders zu beurteilen, wenn Max und Moritz Schneider Böck mit freundlichen Worten auf die Brücke »gelockt« hätten
181 erhöhte Gefahr für das Opfer, das durch die Anzahl der Angreifer eingeschüchtert und in seiner Verteidigung gehemmt wird; vgl. Stree, Gefährliche Körperverletzung, Jura 1980, 289 ff.

dem Sturz in seiner »Todeshast« nur durch beherztes Ergreifen der Gänsebeine vor dem Ertrinken retten.[182] [183]

Max und Moritz haben vorsätzlich gehandelt, weil sie um die Gefährlichkeit ihres Tuns wußten und dabei eine konkrete Gefährdung des Lebens von Böck als extremste Form seiner gewünschten »Verdrießlichmachung« billigend in Kauf genommen haben.

Ergebnis:

Max und Moritz haben sich einer gemeinschaftlichen gefährlichen Körperverletzung des Meisters Böck strafbar gemacht, §§ 223, 223q 3q, 25 Abs. 2 StGB.

3) Unterlassene Hilfeleistung, § 323 c StGB

Eine Bestrafung von Max und Moritz wegen unterlassener Hilfeleistung scheidet aus, weil Meister Böck sich unmittelbar nach dem Sturz in das Wasser durch das Ergreifen der Gänsebeine selber helfen konnte.[184] [185] [186] Ihre Hilfeleistung war nicht »erforderlich« i. S. d. § 323 c StGB.[187]

---

182 der Meinungsstreit, ob im Rahmen von § 223 a StGB eine Behandlung abstrakt oder konkret lebensgefährlich sein muß, braucht hier nicht entschieden zu werden; Böcks Leben wurde nämlich abstrakt und konkret gefährdet / vgl. zur Problematik BGH Strafs. 2, 160 ff. / RG Strafs. 10, 1 / Leipziger Kommentar – Hirsch, § 223 a StGB Rn. 21

183 RG Strafs. 6, 282 (ein Stoß ins tiefe Wasser ist eine lebensgefährliche Behandlung)

184 G. Nocke, Tiere als Helfer in der Not, Veröff. Zool. Staatssammlung München 4, 1956, S. 1–25

185 Stern, Sterns Bemerkungen über die Gans, München 1971, 10 ff.

186 K. Lorenz, Was Gänse alles können – eine Ode an unsere gefiederten Freunde, Hamburg 1965, S. 23 ff.

187 selbst wenn die Gänse schwach und Schneider Böck von Max und Moritz Hilfe benötigt hätte, wären Max und Moritz nicht nach § 323 c StGB zu bestrafen; wer einen anderen verletzen will und dem Verletzten dann nicht hilft, wird regelmäßig nur wegen Körperverletzung des Opfers bestraft / vgl. OLG Celle NJW 1970, 341 und Pfannmüller MDR 1973, 725; siehe aber auch BGH Strafs. 14, 283 (Kopfsteinpflasterfall)

Ergebnis:

Max und Moritz haben sich nicht der unterlassenen Hilfeleistung strafbar gemacht.

4) Beleidigung, § 185 StGB

Max und Moritz haben Schneider Böck als »Ziegen-Böck« bezeichnet, entsprechende Tierlaute abgegeben (»meck, meck, meck«) und ihn in der Du-Form (»du Ziegen-Böck«) angeredet. Das Vorliegen einer strafbaren Beleidigung ist naheliegend. Bereits durch das Wortspiel mit seinem Namen gaben Max und Moritz Schneider Böck zu erkennen, daß sie ihn auf eine Stufe mit einem Ziegenbock stellen.[188] Ein solches Verhalten geht über straflose Unhöflichkeiten, Taktlosigkeiten und Beweise schlechter Kinderstube hinaus.[189] Die Bezeichnung als Ziegenbock war – ähnlich wie die Bezeichnung einer Fernsehansagerin als »Ziege« – ein ehrverletzender Angriff.[190][191][192][193][194][195][196][197] In der Anrede in Du-Form liegt eine weitere Mißachtung der Person des Schneiders Böck.[198][199]

---

188 B. Grzimek, Zur Psyche des Ziegenbocks, in: Mensch und Tier; Ausdrucksformen des Lebendigen, München 1968, S. 5–25
189 hierzu OLG Düsseldorf NJW 1960, 1072
190 BGH Zivils. 39, 124 (Bezeichnung einer Fernsehansagerin als »ausgemolkene Ziege«, bei der einem die Milch sauer wird)
191 OLG Hamburg MDR 1967, 146 (Bezeichnung eines Ministers als »Esel«)
192 LG Essen NJW 1980, 1639 (Bezeichnung eines Polizeibeamten als »Bulle«)
193 OLG Hamm NJW 1982, 652 (Darstellung eines Politikers als »blindwütiger Kampfstier«)
194 OLG Hamm DAR 57, 214 (Bezeichnung eines verkehrswidrig fahrenden Autofahrers als »Schwein«)
195 HansOLG Hamburg JZ 1985, 343 (Karikatur eines Richters als Schwein)
196 zum Ganzen: Brehm, Schweinerei, Darmstadt 1978, S. 588 f.
197 vgl. auch: Illies, Die Affen und wir – ein Vergleich zwischen Verwandten, Hamburg 1970, S. 12 f.
198 »du Ziegen-Böck«
199 OLG Düsseldorf NJW 1960, 1072

Max und Moritz handelten vorsätzlich, rechtswidrig und schuld-haft.[200]

Ergebnis:

Sie haben sich nach § 185 StGB einer Beleidigung des Schneiders Böck strafbar gemacht.[201]

B. DAS SÄGEN EINER LÜCKE IN DIE BRÜCKE

1) Sachbeschädigung, § 303 StGB

Max und Moritz haben eine Lücke in die für sie fremde »Brücke« gesägt.[202] [203] [204] [205] Die »Brücke« brach unter dem Gewicht des Schneiders Böck – wie geplant – in Stücke.

Ergebnis:

Max und Moritz haben sich nach §§ 303, 25 Abs. 2 StGB einer ge-meinschaftlichen Sachbeschädigung strafbar gemacht.

---

200 Soweit in der Bezeichnung als »Ziegen-Böck« nach § 193 StGB ein tadelndes Urteil über die gewerblichen Leistungen des Böck als Schneider liegen sollte – was angesichts seiner im Dorf allgemein gepriesenen Leistungen unwahrscheinlich ist – ergibt sich je-denfalls aus der Form und den äußeren Umständen der Äußerung (und ihrem Ziel) das Vorhandensein einer strafwürdigen Beleidigung
201 Strafantrag nach § 194 StGB liegt vor
202 Hugo M. Wütherich, Kriminologische Studien über die Tatwerkzeuge Hammer, Mei-ßel und Säge, in: Der kritische Kriminologe, 1987, Heft 7, S. 23 ff.
203 Ch. Jurecka, Brücken – Historische Entwicklung, Faszination der Technik, München 1979, 25 ff.
204 John B. McDonald, Juvenile Crime against Bridges, in: Journal of Research in Crime and Delinquency, Vol. 4, 1967, S. 45
205 Rolf Prätorius, Brücken als Symbol staatlicher Macht, Berlin 1968, S. 8

2) Gemeinschädliche Sachbeschädigung, § 304 StGB[206]

Die »Brücke« vor dem Haus des Schneiders Böck könnte dem »öffentlichen Nutzen« gedient haben, so daß ihre Zerstörung einer verschärften Bestrafung unterliegt. Die »Brücke« war keine »Privatbrücke« auf dem Grundstück von Schneider Böck, sondern stand bis zu ihrer Zerstörung der Allgemeinheit zur Verfügung.[207] [208] Alle Dorfbewohner hatten die Möglichkeit, die Brücke zu benutzen, um die Werkstatt von Schneider Böck zur Vergabe von Schneideraufträgen aufzusuchen. Max und Moritz wußten um diese Zweckbestimmung der »Brücke«.

E r g e b n i s :

Max und Moritz haben eine gemeinschädliche Sachbeschädigung gemäß §§ 304, 25 Abs. 2 StGB begangen.

3) Zerstörung von Bauwerken, § 305 StGB[209]

Nach § 305 Abs. 1, 3. Alt. StGB wird bestraft, wer rechtswidrig eine in fremdem Eigentum befindliche »Brücke« ganz oder teilweise zerstört. Da Max und Moritz eine »Lücke in die Brücke« sägten,

---

206 § 304 StGB, Gemeinschädliche Sachbeschädigung. »Wer rechtswidrig . . . Gegenstände, welche zum öffentlichen Nutzen oder zur Verschönerung öffentlicher Wege, Plätze oder Anlagen dienen, beschädigt oder zerstört, wird mit Freiheitsstrafe bis zu drei Jahren oder mit Geldstrafe bestraft.«

207 es heißt im Sachverhalt »übers Wasser führt ein Steg« und nicht »übers Wasser führt sein Steg«; hätte der Steg allein Schneider Böck gehört, hätte es nahegelegen, ihn als solchen zu bezeichnen – beim Haus des Böck ist Wilhelm Busch jedenfalls so verfahren (»Meisters Haus«/»seines Haus«)

208 Cuno Radbruch, Der »öffentliche Nutzen« – Erkundungen zu einem amorphen Thema, in: J. R. Hesse (Hrsg.), Der Staat sind Wir, München 1979, S. 15 ff.

209 § 305 StGB, Zerstörung von Bauwerken. »(1) Wer rechtswidrig ein Gebäude, ein Schiff, eine Brücke, einen Damm, eine gebaute Straße, eine Eisenbahn oder ein anderes Bauwerk, welche fremdes Eigentum sind, ganz oder teilweise zerstört, wird mit Freiheitsstrafe bis zu fünf Jahren oder mit Geldstrafe bestraft.«

wäre demnach der Tatbestand erfüllt. Zu bedenken ist aber, daß eine Brücke i. S. d. § 305 StGB ein Bauwerk von einiger Erheblichkeit sein muß, d. h. von einer gewissen Größe, inneren Festigkeit und nicht ganz unbedeutenden Tragfähigkeit.[210] [211] Ob dies bei der von Max und Moritz angesägten »Brücke« der Fall war, ist zweifelhaft. Die »Brücke« wird nicht nur als »Brücke«, sondern auch als »Steg« bezeichnet.[212] Bei einem »Steg« handelt es sich um eine sehr schmale, einfache Brücke, die anerkanntermaßen nicht unter § 305 StGB fällt.[213] [214] [215] [216] [217] Die Bezeichnung als »Steg« und die weiteren Umstände (Max und Moritz sägten ohne Mühe mit einer einfachen Säge »in die Brücke eine Lücke«) sprechen dafür, daß es sich bei der »Brücke« nur um einen einfach konstruierten, hölzernen Fußgängersteg handelte. Max und Moritz haben also kein Bauwerk zerstört.

Ergebnis:

Max und Moritz haben sich keiner Zerstörung eines Bauwerks strafbar gemacht.

---

210 Schönke-Stree, § 305 StGB Rn. 3
211 aus technischer Sicht: W. Koch, Brückenbau-, Massiv- und Stahlvollwandbalkenbrücken, Düsseldorf 1969, S. 114 ff. / P. Bonatz – F. Leonhardt, Brücken, Königsstein 1965, S. 95 ff.
212 »Übers Wasser führt ein Steg, und darüber geht der Weg«
213 Wahrig, Deutsches Wörterbuch, Gütersloh 1972, S. 3405, Stichwort »Steg«
214 Lackner, § 305 StGB Rn. 2: »Keine Brücke ist ein wenig tragfähiger Steg«
215 Schönke-Stree, § 305 StGB Rn. 3: »Fußgängerstege kommen nicht in Betracht«
216 Adalbert Wassermann, Brett, Steg, Brücke – eine Gesetzeslücke? in: Zeitschrift für Rechtspolitik – Themen der Zeit, Heft 8, 1984, S. 201 ff.
217 rechtsvergleichend: Simon-Funkel, Bridge over troubled water, Boston 1985, S. 18

C. DAS ERGREIFEN DER GÄNSEBEINE DURCH SCHNEIDER BÖCK

Verstoß gegen das Tierschutzgesetz, § 17 TierSchG

Die Möglichkeit einer Bestrafung des Schneiders Böck nach § 17 TierSchG erscheint fraglich, weil es wenig Anhaltspunkte für eine Störung des tierischen Wohlbefindens der Gänse gibt.

Im übrigen könnte Schneider Böck die Gänsebeine im entschuldigenden Notstand ergriffen haben, § 35 StGB.[218] Für ihn bestand nach seinem Sturz vom Steg die akute Gefahr des Ertrinkens im Fluß. Zur Rettung des eigenen Lebens gab es keine andere Möglichkeit als den Griff nach den Gänsebeinen. Damit lag grundsätzlich ein entschuldigender Notstand vor.

§ 35 Abs. 1 S. 2 StGB bestimmt allerdings, daß jemand nicht in den Genuß des Schuldausschlusses kommt, wenn er die Gefahr selbst verursacht hat. Die bloße Verursachung der Gefahr als solches, wie sie hier im Betreten der Brücke durch Schneider Böck lag, ist aber noch ein völlig schuldindifferenter Vorgang. Deshalb kann er nicht zum Ausschluß der Entschuldigung führen.[219] [220] [221] [222]

Nach alledem hat Schneider Böck eine etwaige Quälerei der Gänse jedenfalls schuldlos begangen.

---

218 § 35 StGB. Entschuldigender Notstand. »(1) Wer in einer gegenwärtigen, nicht anders abwendbaren Gefahr für Leben, Leib oder Freiheit eine rechtswidrige Tat begeht, um die Gefahr von sich, einem Angehörigen oder einer anderen ihm nahestehenden Person abzuwenden, handelt ohne Schuld. Dies gilt nicht, soweit der Täter nach den Umständen, namentlich weil er die Gefahr selbst verursacht hat . . ., zugemutet werden konnte, die Gefahr hinzunehmen.«; § 35 StGB gilt auch im Rahmen des Tierschutzes; s. Lorz, § 17 Tierschutzgesetz Rn. 42 und 23
219 Schönke-Lenckner, § 35 StGB Rn. 26
220 Roxin, Die Ursache neben der Ursache – kein Grund zur Entschuldigung, in Festschrift für Strahlenwert, Basel, 1986, S. 85 ff.
221 vgl. dazu Strahlenwert, Die Entschuldigung eines Täters und ihre Auswirkungen auf die Rechtsgemeinschaft, in Festschrift für Roxin, München 1987, S. 22 ff.
222 Jean Pardon, Excuse de la grande maleur?, Paris 1977, S. 176

Ergebnis:

Schneider Böck hat sich nicht nach § 17 TierSchG strafbar gemacht.

D. DAS HEISSE BÜGELEISEN AUF DEM KALTEN LEIB DES SCHNEIDERS BÖCK

Körperverletzung mittels eines gefährlichen Werkzeugs, §§ 223, 223 a StGB

Frau Böck könnte eine gefährliche Körperverletzung begangen haben, weil sie ihrem Mann ein heißes Bügeleisen auf den Leib gebracht hat. Ein so zweckentfremdetes Bügeleisen ist normalerweise geeignet, erhebliche Brandverletzungen bei dem »bebügelten« Menschen hervorzurufen.[223] Das Bügeleisen war also ein gefährliches Werkzeug nach § 223 a StGB.[224] [225] [226] [227] [228] Das gefährliche Werkzeug hat aber bei Meister Böck zu keinen nennenswerten Brandverletzungen geführt. Durch die Therapie seiner Frau, die als medizinische Außenseitermethode bezeichnet werden muß, wurden seine Magenschmerzen sogar erfolgreich auf Dauer besei-

---

[223] Magdalena Rowenta, Brandverletzungen durch Bügeleisen – eine empirische Studie über Ursache, Anzahl und Auswirkung, in: Schriften des Instituts für angewandte Hauswirtschaft, Köln 1982, Heft 9, S. 187 ff.

[224] Schönke-Eser/Stree, § 223 a Rn. 4: »Gefährliches Werkzeug ist jeder Gegenstand, der bei der konkreten Art der Benutzung und des Körperteils, auf den er angewendet wird, geeignet ist, erhebliche Verletzungen hervorzurufen«

[225] Stree, Gefährliche Körperverletzung, a.a.O.: »glühende Platte«

[226] RG Strafs. GA 62, 321 (Überschütten mit kochender Flüssigkeit)

[227] vgl. auch Schröder JZ 1967, 524

[228] vgl. ferner den instruktiven Abgrenzungsfall (künstl. Gebiß als gefährl. Werkzeug?), den Stree in Jura 1980, S. 283 behandelt: »Der Biß mit künstlichen Zähnen kann zu keiner höheren Strafe führen als der Biß mit natürlichen Zähnen.«

tigt.[229] [230] [231] Ein solcher gelungener Heilangriff, der den Körperzustand nicht mindert, sondern im Gegenteil bessert oder bewahrt, stellt nach einem Teil der Literatur schon tatbestandlich keine Körperverletzung dar.[232] [233] [234]

Die Rechtsprechung ist anderer Auffassung, kommt aber im Falle einer wie hier erteilten Einwilligung des »Opfers« ebenfalls im Ergebnis zur Straflosigkeit eines Heilangriffs.[235] [236]

Ergebnis:

Frau Böck hat sich mit ihrer »Bügeleisentherapie« keiner gefährlichen Körperverletzung strafbar gemacht.

E. GESAMTERGEBNIS DES 3. STREICHES

Max und Moritz haben den Tatbestand der einfachen und gemeinschädlichen Sachbeschädigung, der gefährlichen Körperverletzung und der Beleidigung erfüllt.

---

229 ein medizinisches Wunder; zweifelnd: AG München, NJW 1987, 1425, 1426: »Wunder kommen aber in aller Regel nur in Lourdes vor, wenn beispielsweise ein Blinder wieder sehen kann oder ein Lahmer wieder gehen kann«

230 Eser, Das Humanexperiment, Schröder-Ged. Schrift, S. 191

231 Bockelbauer, Zwischen Heilung und Sterbehilfe, Gutachten für den 3. Juristen- und Ärztetag Frankfurt 1922, S. 14 ff.

232 dazu auch Heinz Zipf, Probleme eines Straftatbestandes der eigenmächtigen Heilbehandlung (dargestellt an Hand von § 110 des österreichischen StGB), in Festschr. Hilde Kaufmann, S. 577 ff.

233 Schönke-Eser, § 223 StGB Rn. 32

234 Leipziger Kommentar – Hirsch, vor § 223 StGB Rn. 2 (Fehlen einer Körperinteressenverletzung)

235 nachdem der zuvorige Versuch der Eigenbehandlung auf dem heißen Ofen fehlgeschlagen war, hat Meister Böck sich zum Bügeln auf den Tisch gelegt und hierdurch seiner Ehefrau konkludent sein Einverständnis zur »Bügeleisentherapie« erklärt; die Einwilligung verstieß nicht gegen die guten Sitten (§ 226 a StGB)

236 BGH Strafs. 11, 111

Die einfache und die gemeinschädliche Sachbeschädigung stehen in Idealkonkurrenz zueinander.[237] Die gefährliche Körperverletzung und die Beleidigung stehen sowohl untereinander, als auch im Verhältnis zu den Sachbeschädigungsdelikten in Realkonkurrenz, § 53 StGB.

---

237 Schönke-Stree, § 304 StGB Rn. 14

Vierter Streich.

Also lautet ein Beschluß:
Daß der Mensch was lernen muß. —
Nicht allein das A·B·C
Bringt den Menschen in die Höh';
Nicht allein im Schreiben, Lesen
Übt sich ein vernünftig Wesen;
Nicht allein in Rechnungssachen
Soll der Mensch sich Mühe machen;
Sondern auch der Weisheit Lehren
Muß man mit Vergnügen hören.

Daß dies mit Verstand geschah,
War Herr Lehrer Lämpel da. —
— Max und Moritz diese beiden,
Mochten ihn darum nicht leiden;
Denn wer böse Streiche macht,
Gibt nicht auf den Lehrer acht.
Nun war dieser brave Lehrer
Von dem Tobak ein Verehrer,
Was man ohne alle Frage
Nach des Tages Müh und Plage
Einem guten, alten Mann
Auch von Herzen gönnen kann. —
— Max und Moritz, unverdrossen,
Sinnen aber schon auf Possen,
Ob vermittelst seiner Pfeifen
Dieser Mann nicht anzugreifen. —
— Einstens, als es Sonntag wieder
Und Herr Lämpel brav und bieder

In der Kirche mit Gefühle
Saß vor seinem Orgelspiele,
Schlichen sich die bösen Buben
In sein Haus und seine Stuben,
Wo die Meerschaumpfeife stand;
Max hält sie in seiner Hand;

Aber Moritz aus der Tasche
Zieht die Flintenpulverflasche,
Und geschwinde, stopf, stopf, stopf!
Pulver in den Pfeifenkopf. —
Jetzt nur still und schnell nach Haus,
Denn schon ist die Kirche aus. —

Eben schließt in sanfter Ruh'
Lämpel seine Kirche zu;

Und mit Buch und Notenheften,
Nach besorgten Amtsgeschäften,

„Ach!" — spricht er — „die größte Freud'
Ist doch die Zufriedenheit!"

Lenkt er freudig seine Schritte
Zu der heimatlichen Hütte,

Und voll Dankbarkeit sodann,
Zündet er sein Pfeifchen an.

Kums! Da geht die Pfeife los
Mit Getöse, schrecklich groß.
Kaffeetopf und Wasserglas,
Tabaksdose, Tintenfaß,
Ofen, Tisch und Sorgensitz —
Alles fliegt in Pulverblitz.

Als der Dampf sich nun erhob,
Sieht man Lämpel, der gottlob!
Lebend auf dem Rücken liegt;
Doch er hat was abgekriegt.

Nase, Hand, Gesicht und Ohren
Sind so schwarz als wie die Mohren,
Und des Haares letzter Schopf
Ist verbrannt bis auf den Kopf.

Wer soll nun die Kinder lehren
Und die Wissenschaft vermehren?
Wer soll nun für Lämpel leiten
Seine Amtestätigkeiten?
Woraus soll der Lehrer rauchen,
Wenn die Pfeife nicht zu brauchen?

Mit der Zeit wird alles heil,
Nur die Pfeife hat ihr Teil.

Dieses war der vierte Streich,
Doch der fünfte folgt sogleich.

DER 4. STREICH

A. DAS STOPFEN DES FLINTENPULVERS IN DIE PFEIFE DES LEHRERS LÄMPEL

1) Versuchter Mord, §§ 211, 22, 23 StGB[238]

Max und Moritz könnten mit ihrem Attentat auf Lehrer Lämpel einen versuchten Totschlag oder Mord begangen haben. Tötungsvorsatz lag vor, da Max und Moritz Lehrer Lämpel »vermittelst seiner Pfeifen angreifen« wollten und dabei billigend in Kauf nahmen, daß der ungeliebte Lehrer Lämpel bei der Explosion seiner Pfeife zu Tode kommen könnte.[239] Mit dem Stopfen großer Mengen von Flintenpulver in die Pfeife des Lämpel haben sie unmittelbar zu ihrer Tat angesetzt.

Die Tat wäre als Mordversuch zu werten, wenn Max und Moritz Lehrer Lämpel aus »sonstigen niedrigen Beweggründen« angegriffen hätten. Hierunter sind alle Tatantriebe zu verstehen, die sittlich auf tiefster Stufe stehen und nach allgemein anerkannten Wertmaßstäben besonders verwerflich und geradezu verachtenswert sind.[240]

---

238 § 211 StGB. Mord. »(1) Der Mörder wird mit lebenslanger Freiheitsstrafe bestraft. (2) Mörder ist, wer aus Mordlust, zur Befriedigung des Geschlechtstriebs, aus Habgier oder sonst aus niedrigen Beweggründen, heimtückisch oder grausam oder mit gemeingefährlichen Mitteln oder um eine andere Straftat zu ermöglichen oder zu verdecken einen Menschen tötet.«

239 allgemein zum Tod durch Pfeifenrauchen: L. C. Schramm, Effect of pipe smoking on fetal hamsters and rabbits, in: Toxicological Applications of Pharmacology 14, 1969, S. 276/Schriftenreihe der Bundeszentrale für gesundheitliche Aufklärung Heft 7 1985, S. 2 (»Rauchen gefährdet Ihre Gesundheit«); Wilhelm Busch war übrigens ein unmäßiger Raucher – er erlitt zweimal eine Nikotinvergiftung, vgl. Herbert Schmidt-Kaspar, Was ist so komisch an Wilhelm Busch, Westermanns Monatshefte 11/1982, S. 41

240 BGH Strafs. 3, 132

Triebfedern der Tat von Max und Moritz waren Haß, Rache und Wut gegenüber Lehrer Hämpel und dem von ihm verkörperten Schulsystem; Max und Moritz verabscheuten seiner »Weisheit Lehren« und das »Festsitzen auf dem Stuhle in der Schule«.[241] [242] [243] [244]

Max und Moritz begingen insofern mit ihrer Tat den verzweifelten Versuch, sich gegen das »Ausgeliefertsein« an Lehrer Lämpel, seine Weisheiten und die Schule aufzulehnen.[245] [246] Derartige Motive für die Begehung eines Tötungsdelikts sind zwar verachtenswert, stehen aber nicht auf sittlich tiefster Stufe.[247] [248] Eine versuchte Tötung aus einem niedrigen Beweggrund scheidet aus.

Max und Moritz könnten aber »heimtückisch« gehandelt haben. Nach ständiger Rechtsprechung des Bundesgerichtshofs handelt heimtückisch, wer das Opfer unter bewußter Ausnutzung seiner Arg- und Wehrlosigkeit tötet.[249]

Lehrer Lämpel hat sich beim Anzünden seiner Meerschaumpfei-

---

241 Elfriede Hohn / F. D. Redlich, Das Seelenleben des Schülers, München 1956, S. 156 ff.

242 Stefan Frustnik, Die Subkultur der Schule, Köln 1968, S. 45 ff.

243 H. Geißel (Hrsg.), Der Weg in die Gewalt, Geistige und schulische Ursachen des Terrorismus und seine Folgen, München 1978, S. 599 ff.

244 Beispielhafter Auszug aus einer Schulordnung von 1890: »Während des Unterrichts sollen die Schüler still, ruhig, in gerader Haltung auf ihren Plätzen sitzen, die Hände auf den Tisch legen und sich mit den Füßen ruhig auf dem Boden halten. Alles, was den Unterricht hemmt oder stört, wie Essen, Scharren oder Stampfen mit den Füßen, Schwatzen, Lachen, eigenmächtiges Verlassen des Platzes, ist untersagt. Hat das Kind während des Unterrichts dem Lehrer etwas zu sagen oder ihn um etwas zu bitten, so gibt es, bevor es spricht, ein Zeichen mit dem Finger.«

245 Sommerset-Neill, Kids in schools as victims of teachers, Boston 1978, S. 45

246 Lehrer Lämpel war offenbar Volksschullehrer; die Volksschullehrer entstammten nämlich bis ins 19. Jh. dem Handwerk, dem Soldatenstand oder, wie im Fall von Lehrer Lämpel (er spielte amtlich in der Kirche Orgel), den niederen kirchlichen Diensten (Küster). Grundfertigkeiten im Lesen, Schreiben, Rechnen und Katechitisieren genügten zur Einstellung bei den Gemeinden (Meyers Lexikon, Band 8, 1983, S. 421, Stichwort »Lehrer«). Eine hinreichende pädagogische Schulung, um Außenseiter wie Max und Moritz in den Klassenverband zu integrieren, fehlte Lehrer Lämpel deshalb wahrscheinlich

247 Gitta Sereny, Ein Kind mordet – Der Fall Mary Bell, Frankfurt 1980, S. 235 ff.

248 anderer Ansicht: A. Scholze-Laumann, Der strafrechtliche Schutz des Lehrers vor dem gewalttätigen Schüler, Schriftenreihe des Kultusministeriums Düsseldorf, Heft 3, 1982, S. 113 ff.

249 BGH Strafs. 19, 312

fe keines Angriffes auf sein Leben versehen. Er war also arglos und infolgedessen auch wehrlos, da er keine Veranlassung zu Vorsichtsmaßnahmen hatte. Hiernach müßte man »Heimtücke« annehmen. Demgegenüber fordert die h. M. in der Literatur neben der Ausnutzung der Arg- und Wehrlosigkeit des Opfers zusätzlich einen besonders verwerflichen Vertrauensbruch. Die Tücke bestehe gerade im Ausnutzen eines dem Täter entgegengebrachten Vertrauens; ansonsten liege ein bloß hinterlistiges Verhalten vor.[250] [251]

Max und Moritz hatten ständig Streit mit Lehrer Lämpel, so daß von einem Vertrauensverhältnis kaum gesprochen werden kann.[252] Lehrer Lämpel hat auch in der allein maßgeblichen Tatsituation Max und Moritz kein Vertrauen entgegengebracht; es handelte sich um eine sogenannte Überraschungstat. Nach der Literaturauffassung scheidet eine heimtückische Tötung aus.

Die Literaturmeinung verdient den Vorzug.[253] [254] Gerade der Fall von Max und Moritz zeigt, daß nicht jede Ausnutzung von Arg- und Wehrlosigkeit derart verwerflich ist, um eine Anwendung des § 211 StGB als der schwersten Strafvorschrift des Strafgesetzbuches zu rechtfertigen.[255] [256] [257] Max und Moritz haben also keine heimtückische Tötung des Lehrers Lämpel versucht.

---

250 Roxin/Schünemann/Haffke, Strafrechtliche Klausurenlehre, Köln u. a., 1977, S. 115
251 zum Problemstand: Geilen, Heimtücke und kein Ende, Schröder-Ged.schr., S. 235
252 Ein schützenswertes Vertrauen allein aus dem Lehrer/Schüler-Verhältnis herzuleiten erscheint abwegig; im Rahmen des Mordmerkmals »Heimtücke« geht es nicht um die Institutionalisierung sittlicher Pflichten; siehe zu dem Problem Borchert/Hellmann, Rohrzangenfall, Jura 1982, 665–666 (Verhältnis zwischen Ehegatten).
253 statt vieler: Eser NStZ 1981, 387
254 Ernst v. Pidde folgt bei seiner Beurteilung der Tötung Siegfrieds durch Hagen offenbar der veralteten Rechtsprechungsansicht zum Heimtückebegriff – vgl., »Richard Wagners Ring der Nibelungen im Lichte des deutschen Strafrechts«, S. 64 / dies ist aber unschädlich, da auch nach der neueren Literaturauffassung Hagen ebenfalls heimtückisch tötete: als er auf der Jagd Siegfried hinterrücks umbrachte, bestand zwischen Täter und Opfer ein Vertrauensverhältnis
255 der BGH räumt selber ein, daß bei § 211 StGB seine Bemühungen um Korrekturen im Einzelfall auf Grenzen stoßen; BGH JR 1981, 212
256 BVerfG 45, 187 (Mord und lebenslange Freiheitsstrafe)
257 vgl. die ähnl. Problematik bei: Müller-Seidel, zit. nach Kanzog, E. T. A. Hoffmanns Erzählung »Das Fräulein von Scuderi« als Kriminalgeschichte, in Prang (Hrsg.), E. T. A. Hoffmann (Wege der Forschung, Bd. CDLXXXVI), 1976, S. 307

Es könnte aber Mordversuch vorliegen, weil Max und Moritz möglicherweise mit dem Flintenpulver »gemeingefährliche Mittel« für ihren Anschlag verwendeten. Gemeingefährlich ist ein Tötungsmittel, wenn der Täter die Wirkungen der von ihm entfesselten Kräfte nicht bestimmen oder in ihrem Gefährdungsbereich begrenzen kann.[258] [259] [260]

Explosivmittel wie Flintenpulver sind damit regelmäßig als gemeingefährliche Mittel i.S.d. § 211 StGB anzusehen.[261] [262] [263]

Die Pfeifenexplosion war in ihrer Ausdehnung nicht vorhersehbar, der Gefährdungsbereich für Max und Moritz nicht abzugrenzen.[264] Außer Lehrer Lämpel hätten eine Reihe weiterer Personen (Besucher des Lehrer Lämpel/Passanten vor dem Haus) zu Schaden kommen können. Der Anschlag auf Lehrer Lämpel erfolgte also mit gemeingefährlichen Mitteln.

Selbst wenn Lehrer Lämpel Max und Moritz schikaniert haben sollte, war die Tat der beiden nicht zu rechtfertigen. Ihre Schuld unterliegt keinem Zweifel.[265]

Ergebnis:

Max und Moritz haben sich als Mittäter eines Mordversuchs an Lehrer Lämpel strafbar gemacht, §§ 211, 22, 23, 25 Abs. 2 StGB

---

258 RG Strafe. 5, 309
259 von einer ähnl. Definition ging bereits das »Gesetz gegen den verbrecherischen und gemeingefährlichen Gebrauch von Sprengstoffen« vom 9. 6. 1884 (RGBl. 61) aus.
260 Das Sprengstoffattentat auf den deutschen Kaiser und die versammelten Fürsten anläßlich der Einweihung des Niederwalddenkmals am 28. 9. 1883 hätte derartige Auswirkungen veranschaulicht; es schlug allerdings wegen feuchter Witterung fehl. Die Täter wurden trotzdem zum Tode verurteilt, das Urteil 1885 vollstreckt; zitiert nach Erbs/Kohlhaas, Strafrechtl. Nebengesetze, Loseblattsammlung, Stand 1987, S 169, S. 2
261 Schönke-Eser, § 211 StGB Rn. 29
262 vgl. Muceouv, Poudres et Explosifs, Paris 1947
263 Hermann Römpp, Chemie-Lexikon, Bd. I, Stuttgart 1962, S. 34
264 A. Vanzetti, Handbuch der Anarchie, Raubdruck, o. D., 1883, S. 14
265 siehe hierzu Koller, Die Schuldfrage aus der Sicht des Psychiaters, NJW 1960, 2232

2) Gefährliche Körperverletzung, §§ 223, 223 a StGB

Die lebensgefährliche Explosion seiner Meerschaumpfeife hat bei Lehrer Lämpel zu zahlreichen Brandverletzungen geführt.[266] Objektiv liegt eine gefährliche Körperverletzung vor.[267]

Da Max und Moritz Lehrer Lämpel »eigentlich« töten wollten, könnte aber fraglich sein, ob die stattdessen bei ihm bewirkte Körperverletzung von ihrem Tatvorsatz erfaßt war.[268] Mit der herrschenden Auffassung in Rechtsprechung und Literatur ist dies zu bejahen. Eine Körperverletzung stellt objektiv immer ein Durchgangsstadium zur Tötung dar, so daß der Körperverletzungsvorsatz im Tötungsvorsatz notwendig enthalten ist.[269] [270] Max und Moritz hatten auch den Vorsatz, das Leben des Lehrers Lämpel zu gefährden; wer eine Verletzung (und Tötung) will, will zuvor notwendigerweise eine Gefährdung.[271]

Ergebnis:

Max und Moritz haben eine gemeinschaftliche gefährliche Körperverletzung des Lehrers Lämpel begangen, §§ 223, 223 a, 25 Abs. 2 StGB.

---

266 »Nase, Hand, Gesicht und Ohren
      Sind so schwarz als wie die Mohren
      Und des Haares letzter Schopf
      Ist verbrannt bis auf den Kopf«
267 in Form der Körperverletzung »mittels einer das Leben gefährdenden Behandlung«
268 nach der sog. Gegensatztheorie schließt der Tötungsvorsatz schon begrifflich das gleichzeitige Vorliegen eines bloßen Körperverletzungsvorsatzes aus; vgl. RG Strafs. 61, 375
269 sog. Einheitstheorie: vgl. dazu Weber, Jura 1983, 548
270 differenzierend: Schönke-Esser, § 212 StGB in Rn. 18 ff.
271 Schönke-Cramer, § 311 StGB Rn. 11

3) Schwere Körperverletzung, § 224 StGB

Lehrer Lämpel hat durch die Explosion seinen letzten Haarschopf eingebüßt.[272] [273] Die Tat von Max und Moritz könnte deshalb gemäß § 224 StGB als schwere Körperverletzung zu ahnden sein. Nach dieser Vorschrift wird ein Täter u. a. dann mit einer Freiheitsstrafe von einem bis fünf Jahren bestraft, wenn die Körperverletzung zur Folge hat, daß das Opfer in »erheblicher Weise dauernd entstellt wird«.

Eine Entstellung i. S. d. § 224 StGB liegt vor, wenn die äußere Gesamterscheinung des Verletzten in ihrer ästhetischen Wirkung derart verändert wird, daß er auf Dauer psychische Nachteile im Verkehr mit der Umwelt erleidet.[274] [275] Eine derartige Veränderung kann auch bei bereits vorhandener Unansehnlichkeit eintreten.[276] [277]

Ob Lehrer Lämpels Erscheinung gerade durch den Verlust des letzten Haarschopfes nennenswerte Einbußen erlitten hat, kann unterschiedlich gesehen werden. Einer abschließenden Entscheidung über die Frage bedarf es hier dankenswerter Weise nicht. Eine Entstellung ist nämlich nicht dauerhaft, wenn der Verletzte sich in zumutbarer Weise künstlicher Mittel bedienen kann, um das ursprüngliche Aussehen wiederherzustellen.[278] [279] Lehrer Lämpel

---

272 »Und des Haares letzter Schopf
   Ist verbrannt bis auf den Kopf«
273 vgl. dazu bereits P. Minakow, Über die Veränderung der Haare durch die Hitze, in: Vierteljahresschrift für gerichtliche Medizin, 1896, Suppl., S. 75
274 Schönke-Stree, § 224 StGB Rn. 4
275 Bejaht wurde dies von der Rechtsprechung z. B. in nachfolgenden Fällen: RG Strafs. LZ 1933, 1339 (Verlust des oberen Ohrdrittels) / BGH Strafs. MDR 1957, 267 (Verlust der Nasenspitze) / RG Strafs. DJ 38, 427 (Verlust von vier Schneidezähnen) – dieser Fall würde nach dem heutigen Stand medizinischer Zahnprothetik allerdings jetzt anders beurteilt werden
276 Lämpels Qualitäten lagen mehr im schöngeistigen Bereich
277 bedenklich in der Formulierung: BGH Strafs. MDR 1968, 16 (»Daß das Opfer ein älterer Arbeitshausverwahrter und ohnehin keine ›Schönheit‹ war, steht einer Bestrafung des Täters nach § 224 StGB nicht entgegen«)
278 BGH Strafs. 24, 315 (Zahnprothesenfall)
279 Remmele, Die dauernde Entstellung i. S. d. § 224 StGB, NJW 1963, 22–23

konnte mit einer Perücke nicht nur sein ursprüngliches Aussehen wiederherstellen, sondern u. U. sogar verbessern.[280] [281] Demnach scheidet bei ihm eine dauerhafte Entstellung aus.

Ergebnis:

Max und Moritz haben sich nicht nach § 224 StGB strafbar gemacht.

4) Herbeiführung einer Sprengstoffexplosion, § 311 StGB[282]

Bei dem zum Anschlag verwendeten »Flintenpulver« dürfte es sich nach dem geschichtlichen Hintergrund und den geschilderten Auswirkungen (explosionsartige Verpuffung[283]; heftige Wirkung trotz mangelhafter Verdämmung im Pfeifenkopf, sehr starke Rauchentwicklung) um Schwarzpulver gehandelt haben.[284] Als weiteres Indiz kann auch der Transport des Pulvers in einer Pulverflasche gewertet werden; Pulverflaschen dienten als Transport- und Dosiervorrichtung zur Verwendung von Schwarzpulver in Vorderladerwaffen. Schwarzpulver ist ein Sprengstoff.[285] [286] [287] [288] [289]

---

280 Schönke-Stree, § 224 StGB Rn. 4–5
281 siehe aber auch: Der Spiegel, 41. Jahrgang 1987, 23. November, Kopfschmuck – der Kampf gegen die Perücke (ein Bericht über die Interessengemeinschaft »LAW«; »Lawyers Against Wigs«), S. 262–264
282 § 311 StGB, Herbeiführen einer Sprengstoffexplosion.
»(1) Wer anders als durch Freisetzen von Kernenergie, namentlich durch Sprengstoff, eine Explosion herbeiführt und dadurch Leib und Leben eines anderen oder fremde Sachen von bedeutendem Wert gefährdet, wird mit Freiheitsstrafe nicht unter einem Jahr bestraft.«
283 sog. Deflagration
284 Schwarzpulver wurde im 13. Jahrhundert in Europa bekannt; seine Erfindung wird Berthold dem Schwarzen zugeschrieben
285 Schwarzpulver ist ein explosionsgefährlicher Stoff i. S. d. Sprengstoffgesetzes vom 13. 9. 1976 (BGBl I 2737); vgl. Anlage I zum SprengG unter Nr. 3.321, Rahmenzusammensetzung 2 (Kaliumnitrat als alleiniges Oxidationsmittel; Zusammensetzung Kaliumnitrat, Schwefel, Holzkohle, inerte Bestandteile)

Durch die Pfeifenexplosion sind Leib und Leben des Lehrers Lämpel gefährdet worden. Die Gefährdung war vom Tötungsvorsatz von Max und Moritz mitumfaßt.

Ergebnis:

Max und Moritz haben sich mittäterschaftlich der Herbeiführung einer Sprengstoffexplosion strafbar gemacht, §§ 311, 25 Abs. 2 StGB.

5) Verstoß gegen das Sprengstoffgesetz

Max und Moritz könnten sich außerdem des unbefugten Erwerbs, der Beförderung und der Verwendung von explosionsgefährlichen Stoffen strafbar gemacht haben, §§ 40 Abs. 1 Nr. 4, 27 Sprengstoffgesetz.[290] Da Moritz aus seiner Tasche die Flintenpulverflasche gezogen hat, kommen für ihn die Tatbestandsalternativen des unerlaubten Erwerbs und Transports von Sprengstoff in Betracht. Max könnte mit dem Stopfen der Pfeife unerlaubt mit Sprengstoff umgegangen sein.

Der Erwerb, Transport und Umgang mit Schwarzpulver bedarf nach § 27 SprengG der behördlichen Erlaubnis. Über eine solche Erlaubnis dürften Max und Moritz schon deshalb nicht verfügt haben, weil zu ihrer Erteilung grundsätzlich die Vollendung des 21. Lebensjahres erforderlich ist.[291] Eine an sich nach § 27 Abs. 5

---

286 RG Strafs. 24, 315 (Flintenpulverfall)
287 RG Strafs. 58, 276 (Der Angeklagte hatte eine mit Schießpulver, Patronen, Steinen und Papier gefüllte Bombe in das Schlafzimmer eines Polizeibeamten geworfen)
288 Lackner, § 311 StGB Rn. 2
289 Jean Pardon, Material des travail aux explosifs, Paris 1914, S. 15 ff.
290 nach § 40 Abs. 1 Nr. 4 SprengG wird mit Freiheitsstrafe bis zu 3 Jahren oder mit Geldstrafe bestraft, wer ohne die erforderliche Erlaubnis mit explosionsgefährlichen Stoffen umgeht
291 vgl. § 8 Abs. 1 Nr. 2 Ziff. c) SprengG

SprengG mögliche Ausnahme vom Alterserfordernis kann hier nicht unterstellt werden; ihr hätten bei der amtsbekannten Unzuverlässigkeit von Max und Moritz öffentliche Interessen entgegengestanden.[292]

Ergebnis:

Max und Moritz haben sich nach §§ 40 Abs. 1 Nr. 4, 27 SprengG strafbar gemacht.

6) Versuchte schwere Brandstiftung, §§ 306 Nr. 2, 22, 23 StGB[293]

Eine Schwarzpulverexplosion führt in einem geschlossenen Wohnraum regelmäßig auch zu einem Brand der Einrichtungsgegenstände.[294] Beim Stopfen der Pfeife haben Max und Moritz eine solche Folge zumindest billigend in Kauf genommen.

Ergebnis:

Max und Moritz haben eine versuchte schwere Brandstiftung begangen, §§ 306 Nr. 2, 22, 23, 25 Abs. 2 StGB.

---

292 näher Erbs/Kohlhaas, Strafrechtliche Nebengesetze, S. 169 SprengG, § 27 SprengG Rn. 1 ff.
293 § 306 StGB Schwere Brandstifung.
»Mit Freiheitsstrafe nicht unter einem Jahr wird bestraft, wer in Brand setzt . . .
2. ein Gebäude, ein Schiff oder eine Hütte, welche zur Wohnung von Menschen dienen . . .«
294 Hörtreiter, Sprengstoffdelikte, in: Kriminalistik 1972, S. 57

7) Versuchte besonders schwere Brandstiftung, § 307 Nr. 2, 22, 23 StGB[295]

Der Versuch einer besonders schweren Brandstiftung würde vorliegen, wenn es Max und Moritz gerade darauf ankam, Lehrer Lämpel durch einen Brand zu töten.[296] Nach ihrem Tatplan sollte Lehrer Lämpel aber durch die Sprengstoffexplosion versterben; es fehlt damit an der für § 307 Nr. 2 StGB erforderlichen Absicht.

Ergebnis:

Max und Moritz haben sich nicht nach § 307 StGB strafbar gemacht.

8) Sachbeschädigung, § 303 StGB

Die Meerschaumpfeife von Lehrer Lämpel ist vorsätzlich zerstört worden.

Ergebnis:

Max und Moritz haben eine Sachbeschädigung der Meerschaumpfeife begangen, §§ 303, 25 Abs. 2 StGB.

---

295 § 307 StGB. »Die schwere Brandstiftung (§ 306 StGB) wird mit lebenslanger Freiheitsstrafe oder mit Freiheitsstrafe nicht unter 10 Jahren bestraft, wenn,
    2. der Täter in der Absicht handelt, die Tat zur Begehung eines Mordes (§ 211), ... auszunutzen«
296 Ein Ausnutzen eines Brandes liegt auch vor, wenn ein Täter durch die Brandstiftung als solches einen Mord verüben will; vgl. BGH Strafs. 20, 246 / zu Recht anderer Ansicht Lackner, § 307 StGB Rn. 2 b)

9) Hausfriedensbruch, § 123 StGB

Max und Moritz sind unter bewußter und gewollter Verletzung des Hausrechts von Lehrer Lämpel in seine Stuben eingedrungen.

Ergebnis:

Ein erneuter Hausfriedensbruch liegt vor, § 123 StGB.

B. GESAMTERGEBNIS DES 4. STREICHES

Max und Moritz haben einen versuchten Mord in Tateinheit mit versuchter schwerer Brandstiftung, vollendeter gefährlicher Körperverletzung, Herbeiführung einer Sprengstoffexplosion, Verstoß gegen das Sprengstoffgesetz, Sachbeschädigung und Hausfriedensbruch begangen.[297]

---

297 die Körperverletzung wird nicht durch den Mordversuch verdrängt, da sonst dem besonderen Umstand, daß immerhin eine Körperverletzung bei Lehrer Lämpel eingetreten ist, nicht ausreichend Rechnung getragen würde; so überzeugend: Schönke-Eser, § 212 StGB Rn. 14

Fünfter Streich.

Wer im Dorfe oder Stadt
Einen Onkel wohnen hat,
Der sei höflich und bescheiden,
Denn das mag der Onkel leiden. —
— Morgens sagt man: „Guten Morgen!
Haben Sie was zu besorgen?"
Bringt ihm, was er haben muß:
Zeitung, Pfeife, Fidibus. —
Oder sollt' es wo im Rücken
Drücken, beißen oder zwicken,
Gleich ist man mit Freudigkeit
Dienstbeflissen und bereit. —
Oder sei's nach einer Prise,
Daß der Onkel heftig niese,
Ruft man: „Prosit!" allsogleich,
„Danke, wohl bekomm' es Euch!" —
Oder kommt er spät nach Haus,
Zieht man ihm die Stiefel aus,
Holt Pantoffel, Schlafrock, Mütze,
Daß er nicht im Kalten sitze, —
Kurz, man ist darauf bedacht,
Was dem Onkel Freude macht.
— Max und Moritz ihrerseits
Fanden darin keinen Reiz. —
— Denkt euch nur, welch schlechten Witz
Machten sie mit Onkel Fritz!

Jeder weiß, was so ein Mai-
Käfer für ein Vogel sei.

Max und Moritz, immer munter,
Schütteln sie vom Baum herunter.

In die Düte von Papiere
Sperren sie die Krabbeltiere.

In den Bäumen hin und her
Fliegt und kriecht und krabbelt er.

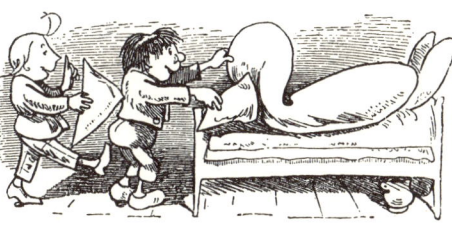

Fort damit und in die Ecke
Unter Onkel Fritzens Decke!

Bald zu Bett geht Onkel Fritze
In der spitzen Zippelmütze;

Schon faßt einer, der voran,
Onkel Fritzens Nase an.

Seine Augen macht er zu,
Hüllt sich ein und schläft in Ruh.

„Bau!" schreit er — „Was ist das hier?"
Und erfaßt das Ungetier.

Doch die Käfer, kritze, kratze!
Kommen schnell aus der Matratze.

Und den Onkel voller Grausen
Sieht man aus dem Bette sausen.

„Autſch!" — ſchon wieder hat er einen
Im Genicke, an den Beinen;

Onkel Fritz, in dieſer Not,
Haut und trampelt alles tot.

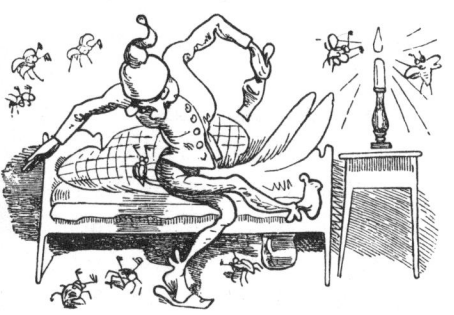

Hin und her und rund herum
Kriecht es, fliegt es mit Gebrumm.

Guckſte wohl! Jetzt iſt's vorbei
Mit der Käferkrabbelei!

Onkel Fritz hat wieder Ruh'
Und macht ſeine Augen zu.

Dieſes war der fünfte Streich,
Doch der ſechſte folgt ſogleich.

DER 5. STREICH

A. DAS VERSTECKEN DER MAIKÄFER IN ONKEL FRITZENS BETT

1) Vorsätzliche Körperverletzung, § 223 StGB

Ob Onkel Fritz von den Maikäfern gebissen worden ist, läßt sich nicht zweifelsfrei beantworten. Wilhelm Busch deutet eine derartige Möglichkeit nur an.[298] [299] Im Zweifel muß zu Gunsten von Max und Moritz davon ausgegangen werden, daß es zu keinen Bissen kam.[300] [301]

Onkel Fritz hat sich aber – jäh aus dem Tiefschlaf gerissen – vor den aus seiner Matratze kriechenden Maikäfern erschrocken und sich vor ihnen geekelt.[302] Die Verursachung von Schrecken und Ekel kann nach allgemeiner Ansicht eine strafbare körperliche Mißhandlung oder Gesundheitsbeschädigung sein, wenn neben einer Erschütterung des seelischen Gleichgewichts eine Reizung der die sinnlichen Eindrücke vermittelnden Empfindungsnerven des Zentralnervensystems eingetreten ist.[303] [304] [305]

Die Maikäfer krabbelten zuletzt nicht nur unter und auf der Matratze, sondern über den Körper von Onkel Fritz. Das in der Folge

---

298 »Autsch! – schon wieder hat er einen
Im Genick, an den Beinen;«

299 gegen Menschen gerichtete Bisse von Maikäfern sind extrem selten: B. Schulze-Oldem, Der Käfer, ein Stiefkind der Zoologie?, Stuttgart 1970, S. 35 ff.

300 in dubio pro MaxMo

301 Kleinknecht-Meyer, Kommentar zur StPO, § 261 StPO Rn. 26 ff.

302 »Und den Onkel voller Grausen
sieht man aus dem Bette sausen«

303 Dreher-Tröndle, Kommentar zum StGB, § 223 StGB Rn. 3, 4, 6

304 RG Strafs. GA 49, 274: Anspeien

305 RG Strafs. GA 49, 274: Bespritzen mit Tripperwasser

bei ihm entstandene, ausgeprägte Gefühl des Ekels und Grauens wurde daher durch direkte Reizung seines Nervensystems verursacht. Es kam zu erheblichen Störungen seines körperlichen Wohlbefindens.[306] [307]

Max und Moritz haben demnach mittels der Maikäfer ihren Onkel Fritz körperlich mißhandelt.[308] [309] [310]

Ihr Tun wäre sogar eine gefährliche Körperverletzung, wenn sich das Verstecken der Maikäfer nach § 223 a StGB als eine »von mehreren begangene Körperverletzung« darstellen würde.

Max und Moritz haben zwar als Mittäter die Maikäfer gemeinsam gefangen und versteckt; zum Zeitpunkt des Angriffs durch die Maikäfer auf Onkel Fritz waren sie aber nicht mehr am Tatort. Eine gefährliche Körperverletzung nach § 223 a 3, Alt. StGB scheidet deshalb mangels gemeinsamer Tatortanwesenheit aus.[311] [312]

Da es Max und Moritz auf die Verletzung der Körperintegrität von Onkel Fritz ankam und Rechtfertigungs- bzw. Schuldausschließungsgründe fehlen, liegen alle Voraussetzungen der einfachen Körperverletzung vor.

Ergebnis:

Max und Moritz haben sich als Mittäter nach §§ 223, 25 Absatz 2 StGB der Körperverletzung ihres Onkels Fritz strafbar gemacht.

Die Voraussetzungen einer Strafverschärfung nach § 223 Absatz

---

306 wie Fn. (302)
307 siehe aber auch: F. Netolitzky, Käfer als Nahrungs- und Heilmittel, in: Koleopterol. Rundschau 7/8, 1918/19
308 zu den soziologischen Aspekten der gegen den Onkel gerichteten Straftat: Rene König, »Sozialpsychologie der gegenwärtigen Familie«, in: Universität, Jahrgang 12, 1957, S. 1247 ff., Nachgedr. in: König, Soziologische Orientierungen, Köln/Berlin 1965, S. 109 ff.
309 siehe auch: Gerald Handel, The psychosocial Interior of the Family, Chicago, 1967, S. 25 ff.
310 zum Ganzen: E. Harrison, Die zerrüttete Generation, Hamburg 1962, S. 5 ff.
311 Schönke-Stree, § 223 a StGB Rn. 11
312 auf die Maikäfer kommt es nicht an; sie waren nur Werkzeug

2 StGB liegen nicht vor.[313] Onkel Fritz war zwar mit Max und Moritz verwandt, aber nicht in »aufsteigender Linie«.[314]

2) Hausfriedensbruch, § 123 StGB

Es gibt keine Anhaltspunkte dafür, daß es Max und Moritz allgemein erlaubt war, das Schlafzimmer ihres Onkels Fritz in seiner Abwesenheit zu betreten. Die beiden sind daher widerrechtlich dort eingedrungen.

Ergebnis:

Max und Moritz haben sich durch Gang in das Schlafzimmer von Onkel Fritz des Hausfriedensbruchs strafbar gemacht, § 123 StGB.

B. DAS TÖTEN DER MAIKÄFER

1) Sachbeschädigung, § 303 StGB

Da Onkel Fritz solange um sich geschlagen hat, bis alle Maikäfer tot am Boden lagen, kommt eine Bestrafung wegen Sachbeschädigung in Betracht. Problematisch ist allerdings die Frage, ob die vom verstörten Onkel zerstörten Maikäfer für ihn »fremde« Sachen waren. Eine Sache ist fremd, wenn sie im Eigentum eines anderen steht. Ob dies der Fall ist, ergibt sich aus dem bürgerlichen Recht.[315][316]

---

313 § 223 Abs. 2 StGB. »Ist die Handlung gegen Verwandte aufsteigender Linie begangen, so ist auf Freiheitsstrafe bis zu 5 Jahren oder auf Geldstrafe zu erkennen.«
314 Gottfried Trautler, Aufsteigende und absteigende Verwandte, in: Der deutsche Standesbeamte, Jahrgang 52, 1965, S. 1783 ff.
315 BGHST 6, 380
316 vgl. S. 17

Ursprünglich befanden sich die Maikäfer in freier Natur auf einem Baum. Sie waren daher nach § 960 BGB als »wilde Tiere« herrenlos.[317] [318]. Durch das Herunterschütteln der Maikäfer vom Baum und Hineinstecken in die mitgebrachten Tüten könnten aber Max und Moritz nach § 958 BGB Eigentümer der Tiere geworden sein.[319] [320]

Die beschränkte Geschäftsfähigkeit von Max und Moritz zur Zeit der möglichen Inbesitznahme stand einer wirksamen Aneignung der Tiere nicht entgegen; eine Aneignung von Sachen ist kein Rechtsgeschäft.[321] [322] [323] [324]

Eine Aneignung könnte aber von vorneherein scheitern, wenn die Inbesitznahme von Maikäfern gegen ein gesetzliches Aneignungsverbot nach § 958 Abs. 2 BGB verstößt. Aneignungsverbote sind Verbote, die die Aneignung unmittelbar verhindern sollen.[325] Hierzu zählt insbesondere § 22 des Bundesnaturschutzgesetzes i. V. m. der Bundesartenschutzverordnung vom 25. 8. 1980.[326] Durch die Bundesartenschutzverordnung werden zwar eine ganze Reihe von Käfern geschützt, nicht aber Maikäfer. Dies ist auch kein Wunder, da Maikäfer Kulturschädlinge sind, die als Käfer vor allem im Mai

---

317 Münchener Kommentar, Kommentar zum BGB, § 960 BGB Rn. 1 und Fn. 1: »wild i. S. v. wild leben, nicht etwa i. S. v. gefährlich«
318 Lange, Sachenrecht des BGB, § 52 Fn. 1: »gefährlicher Bulle ist kein wildes Tier«
319 § 958 BGB.
«(1) Wer eine herrenlose bewegliche Sache in Eigenbesitz nimmt, erwirbt das Eigentum an der Sache.
(2) Das Eigentum wird nicht erworben, wenn die Aneignung gesetzlich verboten ist oder wenn durch die Besitzergreifung das Aneignungsrecht eines anderen verletzt wird.«
320 siehe auch: Roehrs-Herre, Domestikation und Stammesgeschichte, in Heberer, Die Evolution der Organismen, Bd. 2/2, Stuttgart, 1971
321 herrschende Meinung: Münchener Kommentar, § 958 BGB Rn. 9 a. E.
322 anderer Ansicht: Enneccerus-Nipperdey, § 145 II A 3
323 die Mindermeinung kommt zum selben Ergebnis, da der Erwerb des Eigentums an Maikäfern lediglich rechtlich vorteilhaft i. S. d. § 107 BGB ist
324 Zusammenfassung des Streitstandes: Elvira Malenko, §§ 958, 959 BGB – Rechtsgeschäft und Realakt aus der Sicht der Kindergärtnerin, in: Probleme der Kindergartenpraxis, Jahrgang 2, 1987, Heft 6, S. 43
325 Münchener Kommentar Quack, § 958 BGB Rn. 10
326 Bundesartenschutzverordnung vom 25. 8. 1980, BGBl. I S. 1565

Blätter von Laubhölzern fressen und als Larven Wurzeln vertilgen.[327] § 22 Bundesnaturschutzgesetz steht einer Aneignung somit nicht entgegen.[328] Grundsätzlich konnten sich Max und Moritz also die Maikäfer aneignen. Problematisch bleibt die Frage, ob sie es auch getan haben.

Nach §§ 958, 872 BGB hätten sie die Maikäfer als ihnen gehörend in Besitz nehmen müssen.[329] Max und Moritz wollten die Maikäfer nicht für sich selbst, sondern für Onkel Fritz. Sie haben sie nach dem Einfangen auch sofort zu Onkel Fritz gebracht. Max und Moritz waren nach ihrem Willen lediglich Transporteure, nicht Eigentümer der Tiere.[330]

Da die Tiere somit herrenlos blieben, kann Onkel Fritz nicht wegen Sachbeschädigung bestraft werden.[331]

Ergebnis:

Onkel Fritz hat mit dem Töten der Maikäfer keine Sachbeschädigung begangen.

---

327 Meyers Großes Taschenlexikon, Mannheim/Wien/Zürich 1983, Stichwort »Maikäfer«, S. 324
328 gleiches gilt für §§ 20, 21 Bundesnaturschutzgesetz; Münchener Kommentar Quack, § 958 BGB Rn. 10: »Nach §§ 20, 21 Bundesnaturschutzgesetz ist zwar das mutwillige Töten nicht jagdbarer Tiere zweifelsfrei verboten, ein Aneignungsverbot wird aber durch die Vorschriften nicht begründet«
329 § 872 BGB. »Wer eine Sache als ihm gehörend besitzt, ist Eigenbesitzer.«
330 allgemein zu Problemen des Willens: Werner Hardwig, Wollen oder Nichtwollen, das ist die Frage – Ein Gespräch zwischen Sokrates und seinen jungen Freunden Aristodemos und Glaukon, in: Festschrift für Bockelmann, München, 1979, S. 7 ff.
331 eine Straftat nach § 303 StGB würde selbst dann ausscheiden, wenn Max und Moritz Eigentümer der Maikäfer gewesen wären: Da Onkel Fritz von der Herrenlosigkeit der Maikäfer ausging, handelte er nach § 16 StGB ohne Vorsatz; siehe in dem Zusammenhang Busch, Über die Abgrenzung von Tatbestands- und Verbotsirrtum, Mezger-Festschr., S. 165/Schröder, Die Irrtumsrechtsprechung des BGH, ZStW 1965, 178; zustimmend: Knirsch, Irrungen und Wirrungen des BGH, in: Der kritische Jurist, 1986, Heft 9, S. 13–124

2) Verstoß gegen das Tierschutzgesetz, § 17 TierSchG

Onkel Fritz hat sich auch nicht nach § 17 des TierSchG strafbar gemacht, da Maikäfer keine Wirbeltiere sind.[332] [333] [334]

C. GESAMTERGEBNIS DES 5. STREICHES

Max und Moritz haben eine vorsätzliche Körperverletzung in Tateinheit mit Hausfriedensbruch begangen.
Onkel Fritz hat sich nicht strafbar gemacht.

332 Lorz, § 4 TierSchG Rn. 4
333 gegen eine Beschränkung des Tierschutzes auf Wirbeltiere: von Loeper/Reyer, Das Tier und sein rechtlicher Status – zur Weiterentwicklung von Transparenz und Konsequenz des Tierschutzrechts, ZRP 1984, S. 208
334 zum tierischen Wohlbefinden allgemein: Sellert, Das Tier in der abendländischen Rechtsauffassung, in: Studium generale, Vorträge zum Thema Mensch und Tier, 1984, S. 66–88

Sechster Streich.

In der schönen Osterzeit,
Wenn die frommen Bäckersleut'
Viele süße Zuckersachen
Backen und zurechte machen,
Wünschten Max und Moritz auch
Sich so etwas zum Gebrauch

Doch der Bäcker, mit Bedacht,
Hat das Backhaus zugemacht,

Also will hier einer stehlen,
Muß er durch den Schlot sich quälen.

Ratsch! Da kommen die zwei Knaben
Durch den Schornstein, schwarz wie Raben.

Puff! Sie fallen in die Kist',
Wo das Mehl darinnen ist.

Da! Nun sind sie alle beide
Rund herum so weiß wie Kreide.

Aber schon mit viel Vergnügen
Sehen sie die Brezeln liegen.

Knacks! — Da bricht der Stuhl entzwei;

Schwapp! — Da liegen sie im Brei.

Ganz von Kuchenteig umhüllt
Steh'n sie da als Jammerbild. —

Gleich erscheint der Meister Bäcker
Und bemerkt die Zuckerlecker.

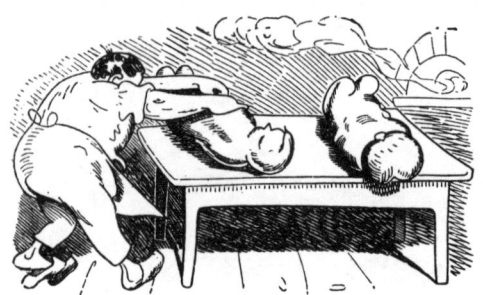

Eins, zwei, drei! — eh' man's gedacht,
Sind zwei Brote d'raus gemacht.

In dem Ofen glüht es noch —
Ruff! — damit ins Ofenloch!

Ruff! man zieht sie aus der Glut;
Denn nun sind sie braun und gut. —

Jeder denkt, die sind perdü!
Aber nein — noch leben sie.

Knusper, Knasper! — wie zwei Mäuse
Fressen sie durch das Gehäuse;

Und der Meister Bäcker schrie:
„Ach herrjeh! da laufen sie!"

Dieses war der sechste Streich,
Doch der letzte folgt sogleich.

DER 6. STREICH

A. DAS EINDRINGEN VON MAX UND MORITZ IN DIE BACKSTUBE UND IHR GRIFF NACH DEN BREZELN

1) Versuchter Diebstahl in einem besonders schweren Fall, §§ 242, 243, 22, 23 StGB

Max und Moritz wollten bei Meister Bäcker viele süße Zucker-sachen stehlen.[335] Durch ihr Eindringen in die Backstube und den Griff nach den Brezeln hatten sie zum Diebstahl bereits unmittelbar angesetzt. Ihre Tat ist sogar ein besonders schwerer Fall des Diebstahlversuchs, da das »Einsteigen in einen Geschäftsraum« nach § 243 Abs. 1 Nr. 1, 3. Alt. StGB einer erhöhten Strafandrohung unterfällt.[336] [337] [338]

---

335 Wilhelm Busch benutzt ausdrücklich diesen terminus technicus:
»Also will hier einer stehlen,
Muß er durch den Schlot sich quälen«

336 manche Autoren meinen, es gebe keinen versuchten Diebstahl in einem besonders schweren Fall; vgl. Arzt JuS 1972, 517 und Callies JZ 1975, 1187 – Max und Moritz belehren sie mit ihrer Tat eines Besseren / vgl. auch BGH Strafs. NStZ 1984, 262 / Dreher-Tröndle, § 243 StGB Rn. 43 / aus jüngster Zeit: BGH MDR 1986, 250 (»Gaststättenbutzenscheibenfall«)

337 für einen »gewerbsmäßigen« Diebstahl nach § 243 Abs. 1 Nr. 3 StGB gibt es nicht genügend Anhaltspunkte: der Diebstahl des gebratenen Geflügels und der versuchte Diebstahl von Zuckersachen reichen für sich allein noch nicht aus, um Max und Moritz als gewerbsmäßige Diebe anzusehen

338 ein besonders schwerer Fall des Diebstahls ist nicht durch § 243 Abs. 2 StGB ausgeschlossen: Der Vorsatz von Max und Moritz erstreckte sich auf die Mitnahme von möglichst vielen Zuckersachen, so daß keine Geringwertigkeit der Diebstahlsobjekte angenommen werden kann / siehe zu der Problematik auch Streich 2

Ergebnis:

Max und Moritz haben einen versuchten Diebstahl von Zucker-sachen in einem besonders schweren Fall begangen, §§ 242, 243 Abs. 1 Nr. 1 3, Alt., 25 Abs. 2 StGB.

2) Hausfriedensbruch, § 123 StGB

Max und Moritz haben die Backstube von Meister Bäcker gegen seinen Willen durch den Schornstein »betreten«.

Ergebnis:

Sie haben erneut den Tatbestand eines Hausfriedensbruchs ver-wirklicht, § 123 StGB.

3) Sachbeschädigung, § 303 StGB

Unter dem Gewicht von Max und Moritz ist der Stuhl von Meister Bäcker zusammengebrochen und zerstört worden. Max und Moritz wollten aber gar nicht den Stuhl beschädigen. Er sollte ihnen gera-de in unbeschädigtem Zustand als Hilfsmittel zum Ergreifen der Diebesbeute (Zuckerbrezeln) dienen. Es fehlt der Beschädigungs-vorsatz.

Ergebnis:

Max und Moritz haben sich wegen der Zerstörung des Stuhls nicht strafbar gemacht.

B. DAS HINEINSCHIEBEN VON MAX UND MORITZ IN DEN OFEN

1) Versuchter Totschlag oder Mord, §§ 212, 211, 22, 23 StGB

Nach der Vorstellung von Meister Bäcker sollten Max und Moritz im glühenden Ofen sterben und als gebackenes Brot Verwendung finden.[339] [340] [341] [342] In dem Hineinschieben der Buben in den Ofen lag der unmittelbare Ansatz zur Tat, § 22 StGB.[343] Gleichwohl kann Meister Bäcker möglicherweise nicht wegen Totschlags- oder Mordversuchs bestraft werden, denn immerhin hatte er Max und Moritz bei dem Versuch eines besonders schweren Diebstahls entdeckt, so daß sein nachfolgendes Verhalten durch Notwehr gedeckt sein könnte.[344] [345]

Ein gegenwärtiger, rechtswidriger Angriff auf das Hausrecht und Eigentum von Meister Bäcker lag vor. Fraglich ist nur, ob zur Abwehr des Angriffs das Hineinschieben von Max und Moritz in den glühenden Ofen »erforderlich« war.[346] [347]

---

339 zu den verschiedenen Brotsorten: H. E. Valentin, Brezen, Kletzen, Dampedei-Brot im süddeutschen und österreichischen Volksbrauch, Regensburg 1978, S. 35 ff.

340 E. Jacob, 6000 Jahre Brot, Dt. Übers., Hamburg 1954, 120 ff.

341 siehe auch das Brotgesetz vom 17. 7. 1930 (geändert 1974); hiernach sind lediglich Zusätze von Kartoffelstärkemehl, Maismehl und Trockenmilch erlaubt

342 siehe auch Gerhard Mauz, Das alltägliche Brot eines Strafrichters, in: Der Spiegel, 41. Jahrgang 1987, Heft 11, Mai, S. 100 ff. – Mauz kritisiert hier ein Urteil des OLG Oldenburg und stützt seine Urteilsschelte im wesentl. auf Verse von Wilhelm Busch: »Man sollte wirklich sogar im niedersächsischen Oldenburg Wilhelm Busch lesen. Der lehrt nämlich in › Das Bad am Samstagabend‹, daß man nicht in einer Strafsache entscheiden und zugleich noch die gesamte Strafverteidigung aburteilen soll: Und die Moral von der Geschicht: Bad zwei in einer Wanne nicht!«

343 François Botteron, Four de boulanger, Marly-le-Roi 1913, 25 ff.

344 nach dem früheren Recht der Selbsthilfe im Mittelalter durfte jeder Dieb, der auf »handhafter Tat ertappt« wurde, getötet werden; vgl. hierzu eingehend: Herbert Hirtz, Die Selbsthilfe im deutschen Strafrecht, Dis., Gummersbach 1931, 17 ff. / His, Friesisches Strafrecht, S. 182 / Einschränkungen kamen später durch die (wirklich) »Peinliche Gerichtsordnung Kaiser Karls V« (Art. 139)

345 dazu auch Eisenhut, Grundsätze des deutschen Rechts in Sprichwörtern, 1813, S. 459: »Notschlag ist kein Totschlag«

346 Die heutige Notwehrdiskussion dreht sich um das Problem sinnvoller Einschränkungen des Notwehrrechts; es ist die sog. »Gretchen-Frage« – vgl. Friedrich-Wilhelm Krause,

Max und Moritz waren ganz von Kuchenteig umhüllt und damit in ihrer Seh- und Bewegungsfähigkeit stark eingeschränkt. Unter diesen Umständen und unter Berücksichtigung von Alter und Statur der Täter hätte Meister Bäcker weitaus mildere Verteidigungsmöglichkeiten zur Verfügung gehabt.

Er hätte sich z. B. darauf beschränken können, Max und Moritz festzuhalten und aus der Backstube zu vertreiben. Außerdem hätte wahrscheinlich schon eine bloße Drohung mit dem glühenden Ofen Max und Moritz zur Flucht veranlaßt. Berücksichtigt man zudem, daß Max und Moritz nur Zuckersachen stehlen wollten, dann ist das Handeln von Meister Bäcker jedenfalls unverhältnismäßig und nicht durch Notwehr gerechtfertigt.[348] [349] [350]

Das Überschreiten der Notwehrgrenzen ist auch nicht über § 33 StGB zu entschuldigen. Nach dieser Vorschrift wird ein Täter ausnahmsweise nicht bestraft, wenn er »aus Verwirrung, Furcht oder Schrecken« mit seiner Abwehr über das Erforderliche hinaus gegangen ist. Für derartige psychische Zustände bei Meister Bäcker gibt es keine hinreichenden Anhaltspunkte.[351]

Notwehr bei Angriffen Schuldloser und bei Bagatellangriffen, in: Festschrift für Hilde Kaufmann, S. 673 / Wagner, Individualistische und überindividualistische Notwehrbegründung, 1984, S. 34

347 Baumann, Rechtsmißbrauch bei Notwehr, MDR 1962, 349

348 vgl. in dem Zusammenhang Art. II a der Europäischen Menschenrechtskonvention, der die Tötung eines Menschen nur zur Abwehr von Gewalt gegenüber Personen zuläßt (BGBl. 1952 II 685); die Menschenrechtskonvention gilt auch für das Verhältnis der Bürger untereinander – statt vieler: Kratzsch, Grenzen der Strafbarkeit im Notwehrrecht, 1968, S. 217 ff.; dagegen kritisch Roxin, Strafrechtliche Klausurenlehre, S. 57–60

349 es handelt sich um Unfug, zu deren Abwehr nur unblutige Mittel eingesetzt werden dürfen; vgl. H. Mayer, Strafrecht AT, Stuttgart 1953, S. 204 – gegen Mayers Ansicht mit deutlichen Worten: F.-W. Krause, a.a.O., S. 685: »Zwar wird wohl kaum jemand H. Mayer widersprechen, um dessen scherzhaftes Beispiel aufzugreifen, daß niemand eine zänkische Ehefrau erschlagen darf, weil er anders ihren Redefluß nicht zu hemmen vermag. Aber darf man sie in den Keller sperren? Wohl kaum!«

350 vgl. den berühmten Schulfall, bei dem der gelähmte Eigentümer mit einem Jagdgewehr den kindlichen Obstdieb aus dem Kirschbaum schießt; siehe auch OLG Braunschweig MDR 1947, 205 (Schutz eines Pfirsichbaums durch elektrische Anlage, die Tod des Diebs verursacht) / OLG Stuttgart, DRZ 1949 m. Anm. Gallas (Tödlicher Schuß auf einen Dieb, der mit Sirupflasche im Wert von 10 Pfennig flieht) / RG Strafs. 23, 117 (Revolverschüsse zum Schutz von Biergläsern)

351 Schönke-Lenckner, § 33 StGB Rn. 65 (»sog. asthenische Affekte«)

Soweit Meister Bäcker gedacht haben sollte, jede beliebige Art der Verteidigung seines Hausrechts und Eigentums sei erlaubt, vermag ihn das nicht zu entlasten.[352] Bei Einsatz »aller Erkenntniskräfte und sittlichen Wertvorstellungen« hätte er erkennen müssen, daß unsere Rechtsordnung bei einem Bagatellangriff von Jugendlichen keine Abwehr durch Hineinschieben der Täter in einen glühenden Backofen erlaubt.[353] [354] [355] [356]

Meister Bäcker hat damit einen Totschlagsversuch an Max und Moritz begangen.

Es kommt sogar Mord in Betracht. Das Hineinschieben in den glühenden Ofen könnte der Versuch einer »grausamen Tötung« sein.

Grausam tötet, wer seinem Opfer aus gefühlloser, unbarmherziger Gesinnung besondere Schmerzen oder Qualen zufügt, die über das für die Tötung als solche erforderliche Maß hinausgehen.[357] Ob diese Voraussetzungen hier erfüllt sind, erscheint zweifelhaft. Unter »normalen« Umständen werden Menschen in einem glühenden Ofen nicht lange leiden, weil sie entweder sofort bewußtlos werden oder sofort versterben.[358] [359] [360]. Selbst wenn Meister Bäcker von besonderen Schmerzen oder Qualen für Max und Moritz ausging, ist er kein Mörder. Es fehlt nämlich an näheren Anhaltspunkten da-

---

352 ein solcher Irrtum wäre ein Verbotsirrtum nach § 17 StGB
353 Krause warnt a.a.O., S. 675, unter Hinweise auf den amerikanischen Spielfilm Death Wish (»Ein Mann sieht rot«) zu Recht vor einer Gesellschaft, die einer »wahren Totschlagsmoral« huldigt; vgl. bereits Geyer, Handbuch des deutschen Strafrechts, hrsg. von v. Holtznedorff, 4. Bd. 1877, S. 94
354 BGH Strafs. 4, 1
355 es wäre allenfalls eine Milderung der zu verhängenden Strafe möglich, §§ 17 S. 2, 49 StGB
356 Jean Boulanger, Légitime défense, Paris/Hamburg 1987, S. 35 ff.
357 BGH Strafs. 3, 180, 181, 264
358 Stark, Der Ofentod, in: Schriften des Kölner Instituts für Rechtsmedizin, Köln 1853, S. 487 ff.
359 Busch räumt selber ein, daß das Überleben von Max und Moritz im glühenden Ofen eher ungewöhnlich ist:
     »Jeder denkt: die sind perdü!
     Aber nein – noch leben sie.«
360 vgl. auch die Beschreibung einer Tötung durch Hineinwerfen in einen glühenden Ofen, die Friedrich Schiller in seiner Ballade »Der Gang nach dem Eisenhammer« gibt

für, daß er den beiden diese Qualen aus gefühlloser und unbarmherziger Gesinnung heraus zufügen wollte.

Da auch die Verwirklichung sonstiger Mordmerkmale nicht näher in Betracht kommt, scheidet eine Bestrafung von Meister Müller wegen versuchten Mordes aus.

Ergebnis:

Meister Müller hat sich durch das Hineinschieben von Max und Moritz in den glühenden Ofen des versuchten Totschlags strafbar gemacht, § 212, 22, 23 StGB. Da er Max und Moritz unter dem Eindruck der gegen ihn gerichteten Straftaten in den Ofen schob, weicht die Tat vom »Normalfall« einer vorsätzlichen Tötung so ab, daß nach § 213 StGB ein minder schwerer Fall des Totschlagversuchs vorliegt.[361] [362]

2) Sachbeschädigung, § 303 StGB

Die Kleidung von Max und Moritz hätte »normalerweise« im glühenden Ofen Schaden nehmen müssen. Da die Kleidung aber offenbar unversehrt blieb, scheidet eine Sachbeschädigung aus.

---

361 § 213 StGB Minder schwerer Fall des Totschlags. »War der Totschläger ohne eigene Schuld durch eine ihm oder einem Angehörigen zugefügte Mißhandlung oder schwere Beleidigung von dem Getöteten zum Zorne gereizt und hierdurch auf der Stelle zur Tat hingerissen worden oder liegt sonst ein minder schwerer Fall vor, so ist die Freiheitsstrafe von sechs Monaten bis zu fünf Jahren.«
362 vgl. hierzu Schönke-Eser, § 213 StGB Rn. 2 und 13

C. DIE FLUCHT VON MAX UND MORITZ AUS DEM BROTGEHÄUSE

Diebstahl oder Unterschlagung, §§ 242, 246 StGB

Max und Moritz haben sich wie zwei Mäuse durch das Gehäuse »gefressen«. Durch den Verzehr der Brotteile könnten sie sich eines Diebstahls oder einer Unterschlagung strafbar gemacht haben. Die beiden haben allerdings aus Notwehr gehandelt. Der rechtswidrige Angriff von Meister Bäcker auf ihr Leben dauerte noch an. Die gewählte Form der Befreiung aus dem Brotgehäuse war die einzig mögliche Verteidigungshandlung, um sich vor dem drohenden Erstickungstod und weiteren Attacken des Meister Bäcker zu schützen.

Ergebnis:

Max und Moritz haben sich durch den Verzehr der Brotteile nicht strafbar gemacht.

D. GESAMTERGEBNIS DES 6. STREICHES

Max und Moritz haben einen versuchten Diebstahl in einem besonders schweren Fall begangen. Der Diebstahl steht mit dem vollendeten Hausfriedensbruch in Idealkonkurrenz.

Meister Bäcker hat tateinheitlich versuchten Totschlag an Max und Moritz begangen.

Letzter Streich.

Max und Moritz, wehe euch!
Jetzt kommt euer letzter Streich!
Wozu müssen auch die beiden
Löcher in die Säcke schneiden?

Seht, da trägt der Bauer Mecke
Einen seiner Maltersäcke.

Und verwundert steht und spricht er:
„Zapperment! Dat Ding werd lichter!“

Aber kaum, daß er von hinnen,
Fängt das Korn schon an zu rinnen.

Hei! Da sieht er voller Freude
Max und Moritz im Getreide.

Rabs! — in seinen großen Sack
Schaufelt er das Lumpenpack.

„Her damit!" Und in den Trichter
Schüttelt er die Bösewichter. —

Max und Moritz wird es schwüle,
Denn nun geht es nach der Mühle. —

Rickeracke! Rickeracke!
Geht die Mühle mit Geknacke.

„Meister Müller, he, heran!
Mahl er das, so schnell er kann!"

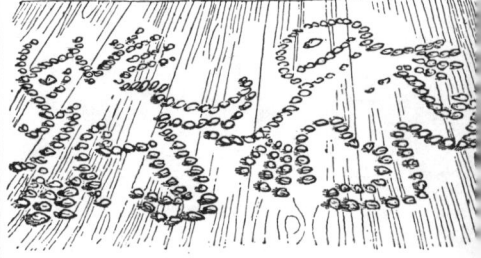

Hier kann man sie noch erblicken
Fein geschroten und in Stücken.

Doch sogleich verzehret sie

Meister Müllers Federvieh.

DER LETZTE STREICH (7.)

A. DAS BETRETEN DES GETREIDESPEICHERS UND AUFSCHNEIDEN DER MALTERSÄCKE

1) Hausfriedensbruch, § 123 StGB

Max und Moritz sind unter bewußter und gewollter Verletzung des Hausrechts von Bauer Mecke in seinen Getreidespeicher eingedrungen.

Ergebnis:

Es liegt ein erneuter Hausfriedensbruch vor, § 123 StGB.

2) Sachbeschädigung, § 303 StGB

Max und Moritz haben vorsätzlich mit Messern Löcher in die Maltersäcke von Bauer Mecke geschnitten und dadurch deren bestimmungsgemäße Brauchbarkeit als Transportmittel für Getreide aufgehoben.[363]

Ergebnis:

Max und Moritz haben sich der Sachbeschädigung strafbar gemacht, § 303 StGB.

---

363 Wahrig, Deutsches Wörterbuch, Gütersloh u. a. 1968/1972. S. 2349: »Malter, altes Getreidemaß, 100–700 l«

B. DAS HINEINSTECKEN VON MAX UND MORITZ IN DIE MALTERSÄCKE

1) Freiheitsberaubung, § 239 StGB[364]

Bauer Mecke hat Max und Moritz vorsätzlich ihrer persönlichen Freiheit beraubt, indem er sie in einen (noch unbeschädigten!) Maltersack steckte und den Sack zuband.[365] [366] Sein Verhalten war nicht durch Notwehr gedeckt; er hätte den Angriff von Max und Moritz genauso wirksam auf weniger einschneidende Weise abwehren können.

Eine Rechtfertigung des Verhaltens von Bauer Mecke könnte sich aus dem Recht zur vorläufigen Festnahme ergeben, § 127 StPO.[367] [368] Hiernach dürfen Privatpersonen Täter, die auf frischer Tat betroffen oder verfolgt werden, festnehmen, wenn sie der Flucht verdächtig sind oder ihre Identität nicht sofort festgestellt werden kann.

Bauer Mecke war die Identität von Max und Moritz bekannt. Es kommt somit nur eine Festnahme wegen Fluchtverdachts in Be-

---

364 § 239 StGB Freiheitsberaubung. »Wer widerrechtlich einen Menschen einsperrt oder auf andere Weise des Gebrauchs seiner persönlichen Freiheit beraubt, wird mit Freiheitsstrafe bis zu fünf Jahren oder mit Geldstrafe bestraft.«

365 durch den Aufenthalt im Sack war es Max und Moritz unmöglich, ihren Aufenthalt nach eigenem Belieben zu verändern; vgl. zur Definition der »Freiheitsberaubung« BGH Strafs. 14, 315

366 vgl. allgemein zu Problemen der Freiheitsberaubung: v. Pidde, Ring des Nibelungen im Lichte des deutschen Strafrechts, S. 23; die dort von v. Pidde vorgenommene Einbeziehung von Göttern (Freia die Holde) in den Schutzbereich von § 239 StGB ist allerdings abzulehnen; vgl. dazu nur die höfliche, aber vernichtende Kritik von Ehrenfeld-Rumpelheimer, Göttliches Strafrecht?, GA 1955, S. 35 ff.; soweit Götter strafrechtlichen Schutz genießen, hat dies der Gesetzgeber i. ü. ausdrücklich angeordnet – vgl. § 166 StGB a. F. (Gotteslästerung); siehe ferner Manck, Die ev.-theol. Diskussion um die Strafbarkeit von Gotteslästerungen und Kirchenbeschimpfung in jur. Sicht, 1966

367 § 127 StPO »(1) Wird jemand auf frischer Tat betroffen oder verfolgt, so ist, wenn er der Flucht verdächtig ist oder seine Identität nicht sofort festgestellt werden kann, jedermann befugt, ihn auch ohne richterliche Anordnung vorläufig festzunehmen.«

368 zur Ermächtigung von Privatpersonen zur Festnahme vgl. Kleinknecht-Meyer, Kommentar zu StPO, München 1985, § 127 StPO Rn. 6—19

tracht. Sie scheitert im Ergebnis daran, daß Bauer Mecke nicht –
wie von § 127 Abs. 1 StPO gefordert – Max und Moritz den zuständigen Strafverfolgungsbehörden zuführen wollte. Bauer Mecke
handelte also widerrechtlich. An seiner Schuld bestehen keine
Zweifel.[369]

Ergebnis:

Bauer Mecke hat eine Freiheitsberaubung begangen, § 239 StGB.

2) Nötigung, § 240 StGB[370]

Soweit Max und Moritz genötigt wurden, die Beraubung ihrer Freiheit zu dulden, erfolgt keine gesonderte Bestrafung von Bauer
Mecke. § 239 StGB verdrängt als spezielleres Gesetz die Nötigung.[371]

3) Kindesentziehung, § 235 StGB[372]

Eine Kindesentziehung begeht, wer eine Person unter 18 Jahren
durch List, Drohung oder Gewalt dem Personensorgeberechtigten
(Eltern, Vormund, Pfleger) entzieht.[373] [374] Ob Max und Moritz zu

---

369 es kommt allenfalls wie bei Meister Bäcker eine Strafmilderung nach §§ 17 S. 2, 49
    Abs. 1 StGB in Betracht
370 § 240 StGB Nötigung. »(1) Wer einen anderen rechtswidrig mit Gewalt oder durch Drohung mit einem empfindlichen Übel zu einer Handlung, Duldung oder Unterlassung
    nötigt, wird mit Freiheitsstrafe bis zur drei Jahren oder mit Geldstrafe, in besonders
    schweren Fällen mit Freiheitsstrafe von sechs Monaten bis zu fünf Jahren bestraft.«
371 OLG Koblenz VRS 49, 350
372 § 235 StGB Kindesentziehung. »(1)Wer eine Person unter achtzehn Jahren durch List,
    Drohung oder Gewalt ihrer Eltern, ihrem Vormund oder ihrem Pfleger entzieht, wird
    mit Freiheitsstrafe bis zu fünf Jahren oder mit Geldstrafe bestraft.«
373 sog. Muntbruch
374 Schönke-Eser, § 235 StGB Rn, 13

dem Zeitpunkt, als Bauer Mecke sie in den Sack steckte, überhaupt noch (sorgeberechtigte) Eltern hatten, steht nicht fest.[375] Es fehlen auch Angaben über einen Vormund oder Pfleger. Ob Onkel Fritz familienrechtliche Gewalt über Max und Moritz hatte, ist nicht sicher. Im Zweifel hat Bauer Mecke deshalb den Tatbestand der Kindesentziehung nicht erfüllt.

Ergebnis:

Bauer Mecke hat sich nicht nach § 235 StGB strafbar gemacht.

C. DAS HINEINWERFEN VON MAX UND MORITZ IN DEN TRICHTER DER MÜHLE

I. Strafbarkeit von Meister Müller

1) Totschlag bzw. Mord, §§ 212, 211 StGB

Meister Müller hat Max und Moritz aus dem Sack in den Trichter der Mühle geschüttet und zermahlen.[376] Er hat die beiden auf diese Weise vorsätzlich getötet. Rechtlich problematisch ist die Frage, ob

---

375 im Hinblick auf § 1666 BGB (Gefährdung des Kindeswohls) dürfte zweifelhaft sein, ob die Eltern von Max und Moritz – falls sie noch lebten – sorgeberechtigt waren. Nach § 1666 BGB ist Eltern bei subjektiver Ungeeignetheit vom Vormundschaftsgericht die Erziehungsberechtigung zu entziehen; das Verhalten von Max und Moritz legt ein von den Eltern zu verantwortendes, erhebliches Erziehungsdefizit nahe; vgl. außerdem Hirsch, Entzug und Beschränkung des elterlichen Sorgerechts, 1965
376 siehe zum Mahlen in der Mühle den lesenswerten Aufsatz von Wacke. Wer zuerst kommt, mahlt zuerst – Prior tempore potior iure, JA 1981, 94 ff.; Wacke weist u. a. nach, daß die Müllerei lange Zeit als »unehrliches Gewerbe« galt (nicht zu Unrecht wie der vorliegende Fall belegt); vgl. dazu auch K. S. Kramer, Ehrliche und unehrliche Gewerbe, Handb. z. dt. Rechtsgeschichte I (1971) m. Lit.; vgl. zum Sozialstatus der Müller krit. A.-M. Dubler, Müller und Mühlen im alten Staat Luzern, 1978

er dies als Täter oder als Gehilfe tat. Meister Müller hat nämlich Max und Moritz auf Veranlassung und im Auftrag von Bauer Mecke gemahlen.[377] Eventuell ist er deshalb nur Gehilfe eines von Bauer Mecke begangenen Totschlags oder Mordes.[378] [379]

Nach der Rechtsprechung hängt die Abgrenzung zwischen Täterschaft und Teilnahme von der Willensrichtung der Beteiligten ab.[380] [381] Richtungsweisendes Beispiel ist etwa die berühmte »Badewannenentscheidung« des Reichsgerichts. Die »Täterin« hatte in diesem Fall auf Veranlassung ihrer Schwester deren uneheliches Kind in der Badewanne ertränkt.[382] [383] Obwohl sie alle Tatbestandsmerkmale eines Mordes in ihrer Person erfüllte, wurde sie vom Reichsgericht aufgrund ihres bloßen Teilnehmerwillens nur als Gehilfin verurteilt.

Indiz für die Feststellung des Täterwillens ist für die Rechtsprechung vor allem das Tatinteresse.[384] Zu denken ist z. B. an Gewinne aus der Straftat.

Ob Meister Müller von Bauer Mecke ein Entgelt für das Mahlen von Max und Moritz erhielt, steht nicht fest. Er konnte allerdings die fein geschroteten Reste von Max und Moritz an sein Federvieh verfüttern.[385] Da aber bei seinem Mühlenbetrieb ohnehin genügend

---

377 es handelte sich um einen Werkvertrag nach § 631 BGB; vgl. etwa für einen Dreschvertrag: OLG Schleswig SchlHA 55, 58 / der Werkvertrag zwischen Bauer Mecke und Meister Müller war allerdings nach § 138 BGB nichtig, weil er gegen die guten Sitten verstößt; vgl. hierzu im Einzelnen K. Simitis, Gute Sitten und Ordre public, 1960

378 v. Weber, Teilnahme an Mord und Totschlag, MDR 1952, 265

379 er wäre als Gehilfe milder zu bestrafen, §§ 27 Abs. 2, S. 2, 49 Abs. 1 StGB

380 sog. subjektive Theorie (animus-Theorie)

381 vgl. z. B. das »Stachinskij-Urteil«, BGH NJW 1963, 561 m. Anm. Baumann

382 RG Strafs. 74, 85 (Badewannenfall); vgl. zum Hintergrund der Entscheidung im Badewannenfall: Hartung, JZ 1954, 430

383 der berühmteste Badewannenmörder war übrigens G. J. Smith, der zwischen 1911 und 1914 drei von ihm geheiratete Frauen in Badewannen ertränkte; vgl. dazu die ausführliche Darstellung von Jürgen Thorwald, Das Jahrhundert der Detektive, Zürich 1965, S. 223–237 / vgl. auch Neugebauer, Mord durch Ertränken, in: Kriminalistik 1959, S. 63 ff. / siehe ferner Leo Wachholz/Stefan Horosakiewicz, Experimentelle Studien zur Lehre vom Ertrinkungstod, Vierteljahresschrift für gerichtliche Medizin, Bd. 28, 1904

384 so bereits RG JW 1937, 2509

385 Vgl. hierzu Anke Dietzler, Max und Moritz, diese beiden . . ., in: Museum, Wilhelm Busch Museum Hannover, Braunschweig 1980, S. 63: »Die Handlung verläuft grau-

Kornabfälle als Futter angefallen sein werden, scheidet ein finanzieller Profit in Form von eingesparten Futterkosten aus.

Das Tatinteresse könnte allerdings darin gelegen haben, Bauer Mecke nicht als Kunden der Mühle zu verlieren. Da aber die Geschäftsbeziehung bereits durch Unterstützung der Tat von Bauer Mecke zu sichern war, liegt auch insoweit kein hinreichendes Indiz für eine Täterschaft vor. Da andere Tatinteressen bei Meister Müller nicht ersichtlich sind, war er nach Ansicht der Rechtsprechung nur Gehilfe von Bauer Mecke.[386]

Die Literatur hingegen sieht Meister Müller als Täter an, da er den Geschehensablauf »in den Händen hielt«.[387] [388] Er war es, der das Geschehen steuerte und Max und Moritz mit eigener Hand durch Hineinschütten in den Mühlentrichter tötete.

Der Literaturmeinung ist der Vorzug zu geben. Für sie spricht der Wortlaut von § 25 Abs. 1 StGB. Hiernach ist derjenige Täter, der die Tat »selbst begeht«. Die Täterschaft des die Tat eigenhändig Ausführenden wird damit eindeutig festgelegt, so daß Meister Müller Täter ist.[389] [390]

Soweit Meister Müller mit seiner Zwangs- und Bannmühle dem strengen Mahlzwang unterlag, rechtfertigt dies sein Handeln nicht.[391] Der Mahlzwang bezog sich nur auf das von den Bauern zum Mahlen gebrachte Getreide, nicht auf Menschen.[392] Andere

---

sam gerecht, wie in manchem Märchen: Zuerst verzehrten Max und Moritz das Federvieh der Witwe Bolte, das durch sie leiden mußte, und nun schließt sich der Kreis, und sie werden selber vom Federvieh verspeist.«

386 ein Tatinteresse wie Rache etc. scheidet aus, da es keine Anhaltspunkte dafür gibt, daß Meister Müller zuvor Opfer einer Straftat von Max und Moritz war

387 sog. materiell-objektive Theorie

388 vgl. Roxin, Täterschaft und Teilnahme, S. 68 ff.

389 Schönke-Cramer, Vorbem. zu §§ 25 ff. StGB, Rn 58 a. E.

390 vgl. den feinsinnigen, wiewohl nur einer kleinen Elite von Gelehrten voll verständlichen Aufsatz von Großknecht-Bauermann, Täter oder Teilnehmer der Tötung – Täterschaftsformen als Phänomene? Tatsachen und Thesen zu den Tattheorien, in: Festschr. für Roxin, München 1977, S. 123–199

391 zum Mahlzwang, der scharf überwacht wurde, siehe Wacke, a.a.O.; anschauliche Beispiele zur Durchsetzung des Mahlzwangs finden sich bei W. Kleeberg, Niedersächs. Mühlengeschichte, Hannover 1978, S. 43 ff.

392 vgl. dazu Kleeberg, a.a.O.

Rechtfertigungsgründe sind nicht ersichtlich[393]; Max und Moritz hatten – bei aller charakterlichen Bedenklichkeit – einen Anspruch auf Aburteilung durch ihren gesetzlichen (Jugend-)Richter.[393][395] An der Schuld von Meister Müller bestehen keine Zweifel. Nach alledem hat sich Meister Müller eines Totschlags strafbar gemacht.

Meister Müller könnte sogar einen Mord begangen haben. Max und Moritz wurden in der Getreidemühle langsam und qualvoll »fein geschroten« – ihre Knochen knackten.[396] Diese in der Kriminalgeschichte – soweit ersichtlich – einmalige Tötungsart ist objektiv grausam i. S. d. § 211 StGB.[397][398] Eine Bestrafung von Meister Müller wegen Mordes wäre aber nur möglich, wenn er seinen Opfern die Schmerzen und Qualen aus gefühlloser und unbarmherziger Gesinnung heraus zugefügt hat.[399]

Meister Müller wußte um die mechanische Wirkung seiner Mühle und die Tatsache, daß ein in den Trichter der mahlenden Mühle hineingeworfener Mensch bis zu seinem Tod erhebliche Qualen erleiden würde. Wenn er gleichwohl Max und Moritz auf eine derartige Weise tötete, hat er eine grausame Tötung begangen.

---

393 Eine Nothilfe für Bauer Mecke scheidet aus, weil der Angriff von Max und Moritz auf das Hausrecht und Eigentum von Bauer Mecke schon abgeschlossen bzw. abgewehrt war – i. ü. war eine Tötung nicht »erforderlich«

394 Art. 101 Abs. 1 GG lautet: »Ausnahmegerichte sind unzulässig. Niemand darf seinem gesetzlichen Richter entzogen werden.«

395 vgl. die Ausführungen von v. Pidde zur Nibelungensage, a.a.O., S. 65–67; seine Kritik an der Lynch- bzw. Femejustiz der Rheintöchter an Hagen verdient Zustimmung

396 »Rickeracke! Rickeracke
geht die Mühle mit Geknacke«

397 Wilhelm Busch wurde bei der Wahl der Tötungsart ganz offensichtlich von einem uralten Sprichwort inspiriert; vgl. Sextus Empeniricus (um 180 n. Chr.), Adv. mathematicos 287 (Imm. Bekker, Berlin 1842, S. 665), bei dem es heißt: »Spät erst mahlen die Mühlen der Götter, doch mahlen sie Feinmehl.«; Logau hat in seinem Sinngedicht »Göttliche Rache« Emperiricus wie folgt übersetzt: »Gottes Mühlen mahlen langsam, mahlen aber trefflich klein« – zitiert nach Büchmann, Geflügelte Worte, S. 138

398 vgl. Agros Brutalsky, Handbuch der tausend Tötungsarten – eine Typologie von Mord und Totschlag, Köln (seit 1823 ständig im Erscheinen), Bd. 25, Stichwort »Mühle«, S. 1988 / selbst bei Alan Patrick Herbert, Rechtsfälle-Linksfälle, Eine Auswahl juristischer Phantasien, Göttingen 1980, finden sich keine Hinweise auf Mühlentode

399 BGH Strafs. 3, 181

Ergebnis:

Meister Müller hat sich des Mordes an Max und Moritz strafbar gemacht, §§ 212, 211 Abs. 2 StGB.

2) Körperverletzung, §§ 223 ff, StGB

Die Körperverletzungsdelikte treten hinter dem vollendeten Mord zurück.[400] [401]

3) Sachbeschädigung, § 303 StGB

Meister Müller hat eine Sachbeschädigung der Kleidung von Max und Moritz begangen, § 303 StGB.

4) Störung der Totenruhe, §§ 168 StGB[402]

Meister Müller hat es zugelassen, daß seine Gänse die nach dem Mahlvorgang übriggebliebenen Stücke von Max und Moritz verspeisten.[403] Skelettreste, wie sie hier allenfalls in Betracht kommen, sind aber keine Leichenteile i. S. d. § 168 StGB.[404] [405]

---

400 BGH Strafs. 16, 122
401 Schönke-Eser, § 212 StGB Rn. 18
402 § 168 StGB, Störung der Totenruhe. »(1) Wer unbefugt aus dem Gewahrsam des Berechtigten eine Leiche, Leichenteile oder die Asche eines Verstorbenen wegnimmt, wer daran oder an einer Beisetzungsstätte beschimpfenden Unfug verübt oder wer eine Beisetzungsstätte zerstört oder beschädigt, wird mit Freiheitsstrafe bis zu drei Jahren oder mit Geldstrafe bestraft.«
403 übrigens eine Art der Beweismittelvernichtung, die in der Kriminalgeschichte einen herausragenden Platz haben dürfte; vergleichbar erscheint allenfalls der Fall des Faßmachers Friedrich Linndörfer aus dem Jahr 1962 — Linndörfer hatte seine Schwester ermordet, ihren Körper in einem großen Kessel gekocht, die Knochen ausgelöst und verbrannt; die verbleibenden Reste hatte er in Papiersäcke gesteckt und in Wäldern verstreut; näheres zum Fall Linndörfer bei Thorwald, Das Jahrhundert der Detektive, Zürich 1966, S. 284–285
404 vgl. Blume, Fragen des Totenrechts, AcP 112, 367/anschaulich außerdem: Tietz, Der Schutz der Toten im Recht der Gegenwart, Strafr. Abhandlungen Heft 291, 1931
405 Schönke-Lenckner, § 168 StGB Rn. 3

Ergebnis:

Eine Störung der Totenruhe scheidet aus.

II. Strafbarkeit des Bauern Mecke

1) Totschlag bzw. Mord §§ 212, 211 StGB

Bauer Mecke hat sich wegen Totschlags oder Mordes strafbar gemacht, wenn er und Meister Müller Mittäter waren oder Bauer Mecke den Müller als Werkzeug zur Tatausführung benutzte.

Eine Mittäterschaft scheitert daran, daß jeder Mittäter als gleichberechtigter Partner des anderen arbeitsteilig die Tat ausführen wollen muß.[406] Gerade dies ist aber hier nicht der Fall, weil Meister Müller sich den Wünschen des Bauern Mecke unterordnete und das Schütteln von Max und Moritz in den Mühlentrichter allein vornahm.[407]

Eine mittelbare Täterschaft scheidet aus, da Meister Müller als möglicher »Mittler der Tat« vorsätzlich Max und Moritz getötet hat und dieser Umstand Bauer Mecke bekannt war.[408]

Ergebnis:

Bauer Mecke ist nicht Täter eines Totschlags oder Mordes.

---

406 BGH GA 1968, 18

407 im Vorgriff auf die zu erwartende wissenschaftl. Diskussion über die Rolle von Bauer Mecke ist darauf hinzuweisen, daß der Autor es ebensogut für vertretbar hält, ihn als Mittäter anzusehen; siehe hierzu Bockelbauer, Die Formen des verbrecherischen Subjekts, in: Strafr. Abhandlungen, Heft 233, 1927

408 die Rechtsfigur des sog. »Täters hinter dem Täter« ist abzulehnen; vgl. nur Freudenthal-Grünhut, Plädoyer für einen Täter vor und zwischen dem Täter, Berlin 1975, S. 33 ff. / Spendel, Der Täter hinter dem Täter – eine notwendige Rechtsfigur?, Lange-Festschr., S. 147 / ferner Roxin, Bemerkungen zum »Täter hinter dem Täter«, Lange-Festschr., S. 173

2) Anstiftung zum Totschlag bzw. Mord, §§ 212, 211, 26 StGB

Bauer Mecke ist jedoch als Anstifter der Tötung von Max und Moritz wie ein Täter zu bestrafen, § 26 StGB.[409] Seine Anstifterrolle ergibt sich aus dem Umstand, daß er mit dem »Mahlauftrag« vorsätzlich bei Meister Müller den Entschluß zur Tat hervorgerufen hat.[410] Da »Grausamkeit« ein sog. tatbezogenes Mordmerkmal ist, hat Bauer Mecke nicht nur zum Totschlag, sondern zum Mord angestiftet.[411] [412]

Ergebnis:

Bauer Mecke hat sich nach § 211, 26 StGB einer Anstiftung des Meister Müller zur Ermordung von Max und Moritz strafbar gemacht.

3) Anstiftung zur Körperverletzung, §§ 223 ff., 26 StGB

Die Anstiftung zur Körperverletzung tritt hinter der Anstiftung zum Mord zurück.

4) Anstiftung zur Sachbeschädigung, §§ 303, 26 StGB

Bauer Mecke ist Anstifter der von Meister Müller begangenen Beschädigung der Kleidung von Max und Moritz, §§ 303, 26 StGB.

---

409 § 26 StGB Anstiftung. »Als Anstifter wird gleich einem Täter bestraft, wer vorsätzlich einen anderen zu dessen vorsätzlich begangener rechtswidriger Tat bestimmt hat.«
410 RG Strafs. 36, 405 (Anstiftung in Form eines Wunsches oder einer Anregung)
411 BGH b. Dallinger MDR 1970, 382
412 niedrige Beweggründe lagen beim »braven Bauersmann« Mecke nicht vor. Nach dem maßgeblichen Standpunkt des »unverbildeten Betrachters« (BGH NJW 1967, 1141) waren die Triebfedern seiner Tat (»Gerechtigkeit« zu schaffen) nicht derart verabscheuungswürdig, daß sie auf tiefster sittlicher Stufe standen

D. GESAMTERGEBNIS DES LETZTEN STREICHES

Strafbarkeit von Max und Moritz

Max und Moritz haben sich tateinheitlich der Sachbeschädigung und des Hausfriedensbruchs strafbar gemacht.

Strafbarkeit des Meister Müller

Meister Müller hat tateinheitlich einen Mord und eine Sachbeschädigung begangen.[413]

Strafbarkeit des Bauern Mecke

Bauer Mecke hat sich der Freiheitsberaubung in Tateinheit mit Anstiftung zu Mord und Sachbeschädigung strafbar gemacht.[414]

---

413 der Totschlag an Max und Moritz tritt hinter der Qualifizierung des Mordes zurück
414 die Idealkonkurrenz der Freiheitsberaubung mit den anderen Delikten ergibt sich aus dem Umstand, daß sie zum Zeitpunkt der Anstiftungshandlung (Auftragserteilung an Meister Müller) noch andauerte; vertretbar erscheint es auch, die Freiheitsberaubung als mitbestrafte Vortat der Anstiftung zum Mord anzusehen

Schluß.

Als man dies im Dorf erfuhr,
War von Trauer keine Spur.
Witwe Bolte, mild und weich,
Sprach: „Sieh da, ich dacht es gleich!"
„Ja, ja, ja!" rief Meister Böck,
„Bosheit ist kein Lebenszweck!"

Drauf, so sprach Herr Lehrer Lämpel:
„Dies ist wieder ein Exempel!"
„Freilich!" meint der Zuckerbäcker,
„Warum ist der Mensch so lecker!"
Selbst der gute Onkel Fritze
Sprach: „Das kommt von dumme Witze!"

Doch der brave Bauersmann
Dachte: „Wat geiht meck dat an?!"
Kurz, im ganzen Ort herum
Ging ein freudiges Gebrumm:
„Gott sei Dank! Nun ist's vorbei
Mit der Übeltäterei!!"

DER SCHLUSS

A. DIE ÄUSSERUNGEN DER DORFBEWOHNER

1) Billigung von Straftaten, § 140 StGB[415]

Am Schluß der Geschichte kommen eine Reihe von Dorfbewohnern noch einmal zu Wort. Keiner von ihnen verurteilt den Mord an Max und Moritz, sondern rechtfertigt ihn als gerechte Folge der zuvor begangenen Übeltätereien.[416] [417] Indem sich die Dorfbewohner moralisch hinter Meister Müller und Bauer Mecke stellten, haben sie deren Straftat gebilligt.[418] Mord darf aber nach §§ 140, 126 Abs. 1 Nr. 2 StGB nicht belohnt oder gebilligt werden.[419] Die Dorfbewohner können gleichwohl nicht nach § 140 StGB bestraft werden. Es steht nicht hinreichend sicher fest, daß die billigenden Äußerungen der Dorfbewohner – wie von § 140 StGB vorausgesetzt – in aller Öffentlichkeit oder in einer Versammlung getätigt worden sind.[420]

---

415 § 140 StGB, Belohnung und Billigung von Straftaten. »Wer eine der in § 138 Abs. 1 Nr. 1 bis 5 und in 126 Abs. 1 genannten Straftaten (u. a. Mord – Anm. des Verf.), nachdem sie begangen oder in strafbarer Weise versucht worden ist, 1. belohnt oder 2. in einer Weise, die geeignet ist, den öffentlichen Frieden zu stören, öffentlich, in einer Versammlung oder durch Verbreiten von Schriften (§ 11 Abs. 2) billigt, wird mit Freiheitsstrafe bis zu drei Jahren oder mit Geldstrafe bestraft.«
416 siehe hierzu Anke Dietzler, a.a.O., S. 63
417 Bauer Mecke ist als Anstifter des Mordes natürlich von vornherein nicht auch noch wegen späterer Billigung der eigenen Tat zu belangen
418 BGH Strafs. 22, 282
419 der Grund für diese Vorschrift liegt in der Gefährdung der Allgemeinheit durch die Schaffung eines psychischen Klimas, in dem neue Delikte gleicher Art gedeihen können; so ausdrücklich: Schönke-Cramer, § 140 StGB Rn. 1 a. E.
420 die Formulierungen des Falles sind insoweit nicht eindeutig:
»Kurz, im ganzen Ort herum
Ging ein freudiges Gebrumm:
Gott sei Dank! Nun ist's vorbei
Mit der Übeltäterei!«

Ergebnis:

Die Dorfbewohner haben sich nicht der Billigung von Straftaten strafbar gemacht.

2) Verunglimpfung des Andenkens Verstorbener, § 189 StGB[421]

Die Dorfbewohner haben sich zwar alle negativ über die verstorbenen Max und Moritz geäußert; eine für die Anwendung von § 189 StGB erforderliche besonders schwere Ehrenkränkung der Titelhelden ist aber nicht festzustellen.[422]

Ergebnis:

Eine Straftat nach § 189 StGB scheidet aus.

B. GESAMTERGEBNIS DES SCHLUSSES

Die Dorfbewohner haben sich wegen ihrer Äußerungen über das Ende von Max und Moritz nicht strafbar gemacht.

---

421 § 189 StGB Verunglimpfung des Andenkens Verstorbener. »Wer das Andenken eines Verstorbenen verunglimpft, wird mit Freiheitsstrafen bis zu zwei Jahren oder mit Geldstrafe bestraft.«

422 wegen der Einzelheiten siehe Kißler, Die Beschimpfung Verstorbener, 1919, Strafr. Abh., Heft 199 / vgl. auch Tietz, Der Schutz der Toten im Recht der Gegenwart, a.a.O.

DAS SCHREIBEN UND VERBREITEN DER GESCHICHTE VON MAX UND MORITZ

STRAFBARKEIT VON WILHELM BUSCH, SEINES VERLEGERS, VON BUCHHÄNDLERN UND ELTERN

1) Verherrlichung von Gewalt, § 131 StGB[423] / Verstoß gegen §§ 6, 21 des Schmutz- und Schundgesetzes[424]

Wilhelm Busch schildert an mehreren Stellen der »Lausbubengeschichte« Gewalttätigkeiten gegen Menschen.[425] Zu nennen sind das

---

423 § 131 StGB. Gewaltdarstellung; Aufstachelung zum Rassenhaß.»(1) Wer Schriften (§ 11 Abs. 3), die zum Rassenhaß aufstacheln oder die grausame oder sonst unmenschliche Gewalttätigkeiten gegen Menschen in einer Art schildern, die eine Verherrlichung oder Verharmlosung von Gewalt ausdrückt oder die das Grausame oder Unmenschliche des Vorganges in einer die Menschenwürde verletzenden Weise darstellt,
   1. verbreitet,
   2. öffentlich ausstellt, anschlägt, vorführt oder sonst zugänglich macht oder
   3. einer Person unter achtzehn Jahren anbietet oder überläßt oder zugänglich macht oder
   4. herstellt, bezieht, liefert, vorrätig hält, anbietet, ankündigt, anpreist, in den räumlichen Geltungsbereich dieses Gesetzes einzuführen oder daraus auszuführen unternimmt, um sie oder aus ihnen gewonnene Stücke im Sinne der Nummern 1 bis 3 zu verwenden oder einem anderen eine solche Verwendung zu ermöglichen,
wird mit Freiheitsstrafe bis zu einem Jahr oder mit Geldstrafe bestraft.«
424 Schmutz- und Schundgesetz (Gesetz über die Verbreitung jugendgefährdender Schriften) vom 12. Juli 1985 (BGBl. III 2161-1); nach § 21 Abs. 3 Schmutz- und Schundgesetz macht sich der Täter sogar bei reiner Fahrlässigkeit strafbar! / rechtsvergleichend: Alan Patrick Herbert, Schmutz und Schund- der Fall Rex versus The Head Master of Eton, in: Rechtsfälle-Linksfälle, S. 47−54; siehe ferner Prot. VI S. 1795; zum Rechtszustand in Italien vgl. Laufhütte, Viertes Gesetz zur Reform des Strafrechts, JZ 1974, 49 Fn. 42
425 andere Geschichten von Wilhelm Busch enthalten übrigens ebenfalls Gewalttaten, vgl. nur Walter Pape, Die Welt ist und wird nicht vernünftig, in: Museum, Wilhelm Busch Museum Hannover, S. 44: »die Fromme Helene endet gar in einer wahren Todesorgie.«
426 beides könnte auch als »dramaturgischer Höhepunkt« eines sog. »Horrorvideos« dienen; zu den Auswüchsen des Videomarktes, insbesondere Videofilmen der »Zombie-Kategorie« vgl. Rudolphi, Systemat. Kommentar zum StGB, Loseblatts., Stand Februar 1987, § 131 StGB Rn. 1

Hineinschieben von Max und Moritz in den glühenden Ofen und ihre Ermordung in der Mühle.[426] Damit steht aber noch nicht fest, daß es sich um eine gewaltverherrlichende Schrift i. S. d. § 131 StGB und § 6 Schmutz- und Schundgesetz (SchmuSchuG) handelt.

Die Vorschriften können und wollen nämlich nicht erreichen, daß in Wort und Bild eine »heile Welt« ohne Gewalt und ohne Probleme dargestellt wird.[427] Erfaßt werden vielmehr nur Schilderungen, die als solches grausam oder sonst unmenschlich sind.[428] [429] [430] [431] Alle gängigen Western, Krimis und Comics-Strips erfüllen diese Tatbestandsvoraussetzungen nicht; sie dürfen ungehindert verbreitet werden.[432] [433] Was für Western, Krimis und Comic-Strips gilt, muß auch für die Geschichte von Max und Moritz gelten.[434] [435] Sie genießt noch weitaus mehr den Schutz von Art. 5 Abs. 3 GG.[436] [437]

Im übrigen ist darauf hinzuweisen, daß der 6. Streich ohnehin aus der Betrachtung ausscheiden muß. Max und Moritz haben im glühenden Ofen weder Schmerzen noch Qualen erlitten. Sie hatten nachher sogar noch Appetit auf Brot.

Die Schilderung des Todes von Max und Moritz in der Mühle ist zwar grausam, aber nicht gewaltverherrlichend oder verharmlosend. Eine Gewaltverherrlichung würde voraussetzen, daß Bauer

---

427 so ausdrücklich Laufhütte, a.a.0. / vgl. aber auch die Anhörung von Sachverständigen des Rundfunks, Port. VI, S. 1825 ff.
428 vgl. BGH NJW 1978, 58 (Bommi Baumann-Fall)
429 Laufhütte, a.a.0.
430 vgl. Laufhütte, a.a.0., FN. 48:
     »Die vom Bundesrat (BR-Drucksache 441 / 73-Beschluß-) befürchtete Auslegung, der Leser selbst müsse durch die Schilderung seelisch gequält werden, ist nach dem Wortlaut und nach den Beratungen im Sonderausschuß nicht gerechtfertigt.«
431 sog. Brutalitätsschriften
432 vg. Rudolphi a.a.0.
433 Schönke-Lenckner, § 131 StGB Rn. 12
434 dies um so mehr, als Wilhelm Busch der Urvater des modernen Comic-Strips ist; vgl. The Encyclopedia Americana, a.a.0.: »Wilhelm Busch is a german poet and caricaturist, who is considered the father of the modern comic strip.«
435 Art. 3 GG (Gleichheit vor dem Gesetz) analog
436 Hesse, Der Künstler und sein Grundgesetz – in dubio pro arte und libertate, München 1985, S. 33 ff.
437 kritisch zu allem: Klaus Staeck, Eine Zensur findet gelegentlich statt, in: Drewitz-Eilers, Mut zur Meinung. Gegen die zensierte Freiheit, 1980, S. 158 ff.; dazu auch Würtenberger, Satire und Karikatur in der Rechtsprechung, NJW 1983, 1144

Meckes und Meister Müllers Handeln als etwas Großartiges, besonders Männliches oder Heldenhaftes erscheint.[438] Derartiges wird niemand ernsthaft behaupten wollen.[439]

Eine Gewaltverharmlosung dürfte ausscheiden, weil das Vorgehen von Bauer Mecke und Meister Müller von Wilhelm Busch bei genauerer Untersuchung weder bagatellisiert noch als ideale Lösung von Konflikten dargestellt wird.[440] [441] [442] Eine ausdrücklichere Distanzierung von der Selbstjustiz der Dorfbewohner wäre allerdings wünschenswert gewesen.

Ergebnis:

Wilhelm Busch, sein Verleger, Buchhändler und Eltern haben sich wegen des Herstellens und Verbreitens der Max-und-Moritz-Geschichte nicht nach § 131 StGB oder §§ 6, 21 SchmuSchuG strafbar gemacht.[443]

2) Billigung von Straftaten, § 140 StGB

Nach der hier vertretenen Auffassung wird das Verhalten von Bauer Mecke und Meister Müller von Wilhelm Busch nicht gebilligt. Selbst wenn man anderer Ansicht ist, scheitert eine Straftat nach § 140 StGB jedenfalls daran, daß die etwaige Billigung nicht geeig-

---

438 sehr weit geht Tucholsky mit seiner Formel »Was darf die Satire? – Alles.« in: Ges. Werke Bd. 1, 1960, S. 362; zu Recht kritsch hierzu Würtenberger a.a.0.
439 gegen »den Rest der Welt«: Tibulski-Schribbeneck, Selbstjustiz, in: Die Bürgerwehr, 1977, S. 15–59
440 Rudolphi, a.a.0., Rn. 9
441 Anke Dietzler, a.a.0.
442 so heißt es etwa im Vorwort:
    »– Aber wehe, wehe, wehe,
    wenn ich auf das Ende sehe!! –
    Ach, das war ein schlimmes Ding,
    wie es Max und Moritz ging.«
443 die Straflosigkeit der Eltern ergibt sich bereits aus dem sog. Erzieherprivileg; vgl. § 131 Abs. 4 StGB und § 6 Abs. 4 SchmuSchuG

net ist, den öffentlichen Frieden zu stören.[444] Trotz unzähliger Auflagen der Max-und-Moritz-Geschichte gibt es keine Anhaltspunkte dafür, daß durch sie das Vertrauen der Bevölkerung in die öffentliche Rechtssicherheit jemals gefährdet worden ist.[445] Die Geschichte hat auch (noch) nicht ein »psychisches Klima« geschaffen, in dem weitere potentielle Täter zur Ausübung gleichartiger Untaten angeregt werden.[446] [447]

Ergebnis:

Eine Billigung von Straftaten kann nicht festgestellt werden.

---

444 vgl. zur Problematik BGH NJW 1978, 58 (Bommi Baumann-Fall)
445 vgl. hierzu auch Fn. 444
446 zu dieser Form der »Friedensstörung« vgl. Fn. 444
447 warnend allerdings Kowalski-Meyer, Das Klima der Gewalt, in: Aggression und Kultur, Hannover 1978, Heft 7, S. 56−78

FAZIT DER UNTERSUCHUNG:

Schon im Vorwort wurde darauf hingewiesen, daß die Geschichte von Max und Moritz eine Aneinanderreihung von Straftaten darstellt, die in der Literatur ihresgleichen sucht.[448] Fast jeder Dorfbewohner kommt als Täter einer Straftat in Betracht, die Hälfte von ihnen hat tatsächlich eine Straftat begangen (Max, Moritz, Meister Bäcker, Bauer Mecke, Meister Müller). Um so mehr muß es verwundern, daß der Charakter der Max-und-Moritz-Geschichte als »Strafrechtsfall« bislang weithin unbekannt geblieben ist. Durch diesen Umstand blieb verschleiert, daß Wilhelm Busch zwar Straftaten in Hülle und Fülle geschildert hat, nicht aber für eine an Recht und Gesetz orientierte Bestrafung der Beteiligten sorgte: Max und Moritz werden rechtswidrig im Wege der Selbstjustiz getötet, die anderen Beteiligten gehen straffrei aus.[449] [450] [451] Kindliche Leser der Geschichte können bei einem solchen Sachverhalt ein falsches Straf- und Wertesystem vermittelt bekommen.[452] [453] [454] Hier glei-

---

448 vgl. die Beispiele von Kaufmann, a.a.O.; siehe im übrigen die gesamte NJW-Ausgabe »Literatur und Recht«, NJW 1982, S. 601–672

449 Ancel, La défense sociale nouvelle, 1966 / v. Hentig, Die Strafe – I. Frühformen und kulturgeschichtliche Zusammenhänge (1954), II. Die modernen Erscheinungsformen (1955)

450 Art. 101 GG. (Ausnahmegerichte)
     »(1) Ausnahmegerichte sind unzulässig. Niemand darf seinem gesetzlichen Richter entzogen werden.«

451 Bauer Mecke und Meister Müller erhalten sogar für die Ermordung von Max und Moritz bei den anderen Dorfbewohnern moralische Unterstützung

452 vgl. auch Otto Friedrich Gmelin, Böses kommt aus Kinderbüchern, München, 1972

453 Die Gefahr ist um so größer, als gerade die Geschichte von Max und Moritz Kinder besonders in ihren Bann zieht; vgl. hierzu Herbert Schmidt-Kaspar, Was ist so komisch an Wilhelm Busch – Der Meister deutscher Schadenfreude, Westermanns Monatshefte 11/82, S. 40: »Wer erinnert sich nicht, als Neun- oder Elfjähriger nachmittagelang im Album des ›Humoristischen Hausschatzes‹ geschmökert zu haben? Man empfand jeden Ruf zu einer Mahlzeit, jede Aufforderung, sich an die Schulaufgaben zu machen, als banausische Störung.«

454 Herbert Schmidt-Kaspar, a.a.O., S. 36, macht es sich zu einfach, wenn er derartige Gefahren mit dem – als solchem sicher richtigen – Hinweis auf die hohe künstlerische Qualität des Werks von Wilhelm Busch zur Seite schiebt; er versteigt sich gar zu der Be-

chermaßen korrigierend und vorbeugend – über juristische Informationen für Eltern und Pädagogen – einzugreifen, war das Ziel der vorliegenden strafrechtlichen Untersuchung. Zum Schluß soll deshalb in groben Zügen aufgezeigt werden, wie die Beteiligten bei der gebotenen Anwendung rechtsstaatlicher Grundsätze zu bestrafen wären.[455]

I. MAX UND MORITZ

Max und Moritz sind ihrem gesetzlichen (Jugend-) Richter zuzuführen und nach Maßgabe des StGB und JGG zu behandeln.[456] [457] [458] Angesichts der Schwere und der Fülle der von ihnen begangenen Straftaten (Mordversuch, gefährliche Körperverletzung, Herbeiführung einer Sprengstoffexplosion, Diebstähle, Sachbeschädigungen, Hausfriedensbrüche etc.) kommt eine Jugendstrafe in Betracht.[459] Sie ist nach § 17 Abs. 2 JGG zu verhängen, »wenn wegen der schädlichen Neigungen des Jugendlichen, die in der Tat hervorgetreten sind, Erziehungsmaßregeln oder Zuchtmittel zur Erziehung nicht ausreichen oder wenn wegen der Schwere der Schuld Strafe erforderlich ist.«

Die Übeltätereien von Max und Moritz deuten stark auf erhebliche Anlage- oder Erziehungsmängel hin, deren Beseitigung sinnvoll wohl nur in einem längeren Strafvollzug versucht werden kann. Abschließend kann die Frage ihrer »schädlichen Neigungen« aber nur

---

merkung: »... so wird man von Mitleid ergriffen mit jenen klugen, verantwortungsbewußten Mitbürgern, die ihre psychologischen, pädagogischen, sozialhygienischen Argumente gegen Busch vortragen ...«

455 für die in der Mühle verstorbenen Max und Moritz kommt allerdings – streng genommen – jeder Versuch rechtsstaatlicher Behandlung zu spät; aus den oben erwähnten Gründen soll gleichwohl die rechtsstaatliche Ahndung ihrer Straftaten skizziert werden

456 Hilde Kaufmann, Marquardt u. a., Jugendstraftäter und ihr Verfahren, 1975

457 zuständig wäre nach § 41 JGG i. V. m. §§ 74 e, 74 Abs. 2 GVG die Jugendkammer

458 anders noch Appelius, Die Behandlung jugendlicher Verbrecher und verwahrloster Kinder, 1892, S. 201 ff.

459 Mösl, Verhängung und Bemessung von Jugendstrafe, NStZ 1981, 428 ff.

im eigentlichen Gerichtsverfahren beantwortet werden.[460] [461] Selbst wenn die zuständige Jugendkammer »schädliche Neigungen« bei Max und Moritz nicht feststellen sollte, dürfte wegen der Schwere ihrer Schuld Jugendstrafe geboten sein.[462] Die Gerechtigkeit fordert nämlich bei schwerster Kriminalität, wie sie z. B. mit dem Mordversuch an Lehrer Lämpel vorliegt, eine kriminelle Strafe; der sühnebereite Jugendliche erwartet sie, der uneinsichtige legt den Verzicht auf Strafe als Schwäche und Aufmunterung zu neuen Straftaten aus.[463] [464]

Wie hoch die Jugendstrafe gegen Max und Moritz auszufallen hätte, kann wegen der Besonderheiten des Jugendgerichtsverfahrens nur ganz grob geschätzt werden. Der Verfasser würde eine Jugendstrafe im Bereich von 2—3 Jahren für erforderlich, aber auch ausreichend halten.[465] Ebenfalls vertretbar erschiene es, statt dessen gegen Max und Moritz nach § 19 JGG eine Jugendstrafe von unbestimmter Dauer zu verhängen.[466] [467] Auf diese Weise würde ihnen

---

460 zur Def. der »schädlichen Neigungen« vgl. BGH 11, 169 / BGH NStZ 1981, 250 / Brunner, § 17 JGG Rn. 66 ff.

461 § 43 JGG schreibt eine eingehende Persönlichkeitserforschung vor, die nur mit Unterstützung der Jugendgerichtshilfe des von Wilhelm Busch beschriebenen Dorfes oder der nächstgelegenen größeren Stadt erfolgen kann (vgl. §§ 43, 38 JGG)

462 nicht gänzlich ausgeschlossen ist es allerdings auch, anstatt einer Jugendstrafe eine Fürsorgeerziehung für Max und Moritz anzuordnen (§§ 9 Nr. 3, 12 JGG / § 64 JWG); gewisse Indizien für eine Verwahrlosung der beiden sind nicht von der Hand zu weisen — wegen der schwierigen Abgrenzung zwischen Jugendstrafe und Fürsorgeerziehung vgl. Miehe, Zur Anordnung der Fürsorgeerziehung bei Unerziehbaren, RdJ 66 H, 1—3; Werner, Jugendstrafe und Fürsorgeerziehung, RdJ 64, 114 und 134

463 so Brunner, § 17 JGG Rn. 9 unter Hinweis auf Dallinger—Lackner, § 17 JGG Rn. 19

464 siehe dazu auch Tenckhoff, Jugendstrafe wegen Schwere der Schuld, JR 1977, 485

465 zur Vervollständigung sei darauf hingewiesen, daß die Jugendstrafkammer in ihrem Urteil wahrscheinlich auch die Einziehung der von Max und Moritz verwendeten Tatwerkzeuge (Angel, Säge, Flintenpulverflasche und Messer) anordnen würde (§ 74 StGB)

466 § 19 JGG. Jugendstrafe von unbestimmter Dauer
»(1) Der Richter verhängt Jugendstrafe von unbestimmter Dauer, wenn wegen der schädlichen Neigungen des Jugendlichen, die in der Tat hervorgetreten sind, eine Jugendstrafe von höchstens vier Jahren geboten ist und sich nicht voraussehen läßt, welche Zeit erforderlich ist, um den Jugendlichen durch den Strafvollzug zu einem rechtschaffenen Lebenswandel zu erziehen.«

467 vgl. aber die realistische Einschätzung von Erwin Frey, Möglichkeiten und Grenzen der Therapie bei Frühkriminellen, Heilen statt Strafen hrsg. v. Bittner, 1957, S. 309 ff.; s. auch Wachter, Untersuchungen über Erfolg und Mißerfolg der Erziehung durch Strafe, Diss. Heidelberg 1966

die Chance bleiben, alsbald nach ihrer etwaigen Umerziehung in die Freiheit entlassen zu werden.[468] Ob allerdings Max und Moritz im Strafvollzug wirklich zu einem rechtschaffenen Lebenswandel erzogen werden könnten, erscheint fraglich. Sie hätten aber jedenfalls eine solche Chance verdient gehabt.

II. MEISTER BÄCKER

Meister Bäcker hat einen minder schweren Fall des versuchten Totschlags an Max und Moritz begangen. Die Strafandrohung beträgt sechs Monate bis zu fünf Jahren. Da nur der Versuch vorliegt, kann die Strafe von Meister Bäcker nach §§ 23 Abs. 2, 49 Abs. 1 StGB gemildert werden.[469] [470] Nimmt man eine Milderung an – für die alles spricht – ist Meister Bäcker unter Anwendung von § 49 StGB mit höchstens drei Jahren und acht Monaten Freiheitsstrafe zu bestrafen.[471] [472]

III. MEISTER MÜLLER UND BAUER MECKE

Meister Müller hat Max und Moritz ermordet, Bauer Mecke hat zu dieser Tat angestiftet. Mord und Anstiftung zum Mord sind nach der absoluten Strafandrohung des § 211 StGB immer mit lebenslanger Freiheitsstrafe zu ahnden. Allerdings erkennt die höchstrichter-

---

468 frühestens nach 6 Monaten; vgl. zum Ganzen Wunderlich, Rechtsfolgen der Jugendstraftat, JA 1985, 185
469 § 23 StGB, Strafbarkeit des Versuchs
»(2) Der Versuch kann milder bestraft werden als die vollendete Tat (§ 49 Abs. 1).«
470 vgl. Börker, Die Milderung der Strafe für den Versuch, JZ 1956, 477 / für einen Milderungszwang: Stratenwerth, Die fakultative Strafmilderung beim Versuch, Festgabe zum schweizerischen Juristentag 1963, S. 247
471 ggf. liegt noch zusätzlich der gesetzliche Milderungsgrund des §§ 17 S. 2, 49 StGB vor; vgl. hierzu Fn. 355; § 50 StGB steht einer mehrfachen Herabsetzung des Strafrahmens nicht entgegen – vgl. nur BGH VRS 36, 267 und Bruns, Strafzumessungsrecht, Allgemeiner Teil, 2. Aufl. 1974, S. 515 / Schönke–Stree, § 50 StGB Rn. 6
472 wegen der Frage eines Berufsverbotes vgl. Fn. 477

liche Rechtssprechung bei außergewöhnlichen Umständen eine übergesetzliche Strafmilderung an.[473] [474] [475] Solche Umstände dürften bei der Ermordung von Max und Moritz vorgelegen haben. Der »Zorn«, den Bauer Mecke und Meister Müller auf Max und Moritz wegen ihrer Übeltätereien verspürten, wirkt entlastend. Hinzu kommt die Erwägung, daß offenbar beide meinten, zu der gewählten Form der Selbsthilfe – zumindest moralisch – berechtigt zu sein. Es wäre deshalb unbillig, Meister Müller und dem »braven Bauersmann« Mecke jedwede Milderung ihrer Strafe zu versagen und sie zu lebenslanger Haft zu verurteilen. Für ihr Handeln dürfte vielmehr eine Freiheitsstrafe im Bereich von etwa fünf bis zehn Jahren erforderlich, aber auch ausreichend sein.[476] [477]

---

473 BGH NJW 1981, 1965 (Türkische Rache I) / BGH NStZ 1982, 69 (Türkische Rache II)
474 zum Beschluß des BGH (Türkische Rache I) siehe etwa H. L. Günther, Lebenslang für heimtückischen Mord?, NJW 1982, 353 ff.; gegen Günther allerdings Kratsch, Für oder wider die ›Rechtsfolgenlösung‹ des Großen Senats für Strafsachen, JA 1982, 401 ff.
475 zum Ganzen ausführlich: H. Müller–Dietz, Mord, lebenslange Freiheitsstrafe und bedingte Entlassung, Jura 1983, S. 568–580 und 628–635
476 hier handelt es sich wieder nur um eine Grobeinschätzung
477 gegen Meister Müller könnte u. U. ein Berufsverbot nach § 70 StGB anzuordnen sein; er hat unter Mißbrauch seines Gewerbes als Müller und unter Verletzung der damit verbundenen Pflichten Max und Moritz in der Mühle zermahlen. Ob eine Gesamtwürdigung seiner Person und der Tat die »Gefahr erkennen läßt, daß er bei weiterer Ausübung des Berufes« weitere Menschen zermahlen wird, kann aber abschließend nur in einem Gerichtsverfahren geklärt werden; vgl. i. ü. dazu noch Schönke–Stree, § 70 StGB Rn. 6 ff. und Spohr, Die strafgerichtliche Untersagung der Berufsausübung, GS 105, 71

NACHWORT

»Der Mensch mag über das Recht lachen,
aber das Recht lacht zuletzt.«[478]

---

478 Ausspruch des großen englischen Rechtsgelehrten Lord Mildew im Fall »The Duke-
ries«; zitiert nach Alan Patrick Herbert, a.a.0., S. 74

ABKÜRZUNGEN

a.a.O.	am angegebenen Ort
AcP	Archiv für civilistische Praxis
AG	Amtsgericht
AT	Allgemeiner Teil
Anm.	Anmerkungen
AZ	Aktenzeichen
b.	bei
BayObLG	Bayrisches Oberstes Landesgericht
Ber.	Bericht
BGB	Bürgerliches Gesetzbuch
BGBl	Bundesgesetzblatt
BGH	Bundesgerichtshof
BT	Besonderer Teil
BVerfG	Bundesverfassungsgericht
bzw.	beziehungsweise
ca.	circa
ders.	derselbe
d.h.	das heißt
Ent.	Entscheidung
EWG	Europäische Wirtschaftsgemeinschaft
f.	folgende
ff.	fortfolgende
Festschr.	Festschrift
Festg.	Festgabe
Fn.	Fußnote
GA	Goltdammers Archiv für Strafrecht
GG	Grundgesetz
h.M.	herrschende Meinung
i.S.d.	im Sinne des
i.V.m.	in Verbindung mit
JA	Juristische Arbeitsblätter
JGG	Jugendgerichtsgesetz
JR	Juristische Rundschau
jur.	juristisch
Jura	Juristische Ausbildung
JuS	Juristische Schulung
JWG	Jugendwohlfahrtsgesetz
JZ	Juristenzeitung

l	Liter
LG	Landgericht
MDR	Monatszeitschrift für deutsches Recht
MüKo	Münchener Kommentar, BGB
NJW	Neue Juristische Wochenschrift
Nr.	Nummer
NStZ	Neue Zeitschrift für Strafrecht
OLG	Oberlandesgericht
o.D.	ohne Datum
o.O.	Ohne Ort
RdJ	Recht der Jugend und des Bildungswesens
RdT	Recht der Tiere
RG	Reichsgericht
Rn.	Randnummer
RTierSchG	Reichstierschutzgesetz
S.	Seite
s.	siehe
s.a.	siehe auch
SchmuSchuG	Schmutz- und Schundgesetz
s.d.	siehe dort
sog.	sogenannt
StGB	Strafgesetzbuch
StPO	Strafprozeßordnung
StrafR	Strafrecht
Strafs.	Strafsachen
u.a.	unter anderem
u.U.	unter Umständen
v.	von
Verf.	Verfasser
vgl.	vergleiche
Vorbem.	Vorbemerkungen
VRS	Verkehrsrechtssammlung
z.B.	zum Beispiel
Zivils.	Zivilsachen
ZRP	Zeitschrift für Rechtspolitik
ZStW	Zeitschrift für die gesamte Strafrechtswissenschaft

LITERATURVERZEICHNIS

Affemann	Krank durch die Gesellschaft, 1973
Appelius	Die Behandlung jugendlicher Verbrecher und verwahrloster Kinder, 1982
Arzt Gunther	Die Neufassung der Diebstahlsbestimmungen, JuS 1972, 515 ff.
Baumann	»Glücklichere Menschen« durch Strafrecht, JR 1974, 370
ders.	Bekämpfung oder Verwaltung der Kleinkriminalität, Schröder–Ged. Schrift, S. 523
ders.	Rechtsmißbrauch bei Notwehr, MDR 1962, 349
Bernsmann, Klaus	Tatbestandsprobleme des Hausfriedensbruchs, Jura 1981, 337 ff.
Bleuler	Lehrbuch der Psychiatrie, 6. Aufl., o.D.
Blume	Fragen des Totenrechts, AcP 112, 367 ff.
Bochert-Hellmann	Der Rohrzangenfall, Jura 1982, 658 ff.
Bockelbauer	Zwischen Heilung und Sterbehilfe, Gutachten für den 3. Juristen– und Ärztetag Frankfurt 1922, S. 14 ff.
Bockelmann, Paul	Rechtliche Grundlagen und rechtliche Grenzen der ärztlichen Aufklärungspflicht, NJW 1961, 945 ff.
Boulanger, Jean	Légitime défense, Paris / Hamburg, 1947
Bonatz, P-Leonhardt F.	Brücken, Königstein, 1965
Botteron, François	Four de boulanger, Marly–le–Roi, 1913
Brehm	Dein Hund hat Recht, Wiesbaden, 1980
ders.	Schweinerei, Darmstadt, 1978
Brunner	Kommentar zum JGG, 7. Aufl., Berlin, 1984
Brutalsky, Agros	Handbuch der tausend Tötungsarten – eine Typologie von Mord und Totschlag, Köln, seit 1892 ständig im Erscheinen
Buchala, Kazimierz	Der Dolus Eventualis in der polnischen Strafrechtslehre und Rechtsprechung, Festschr. für Hilde Kaufmann, Berlin / New York, 1986, S. 377 ff.
Büchmann	Geflügelte Worte, Der Zitatenschatz des deutschen Volkes, Stuttgart / Hamburg, o.D.
Busch	Über die vorsätzliche Tötung, Festschrift für Ritter, Basel / Stuttgart 1957, S. 287 ff.
ders.	Über die Abgrenzung zwischen Tatbestands- und Verbotsirrtum, Mezger-Festschrift, München / Berlin 1954, S. 165 ff.
Cramer, Peter	Die Neuregelung der Sprengstoffdelikte, NJW 1964, 1835 ff.

Devesa, Rodrigez Maria Jose Nullum crimen sine culpa en la reforma del codigo penal espanol 1983, in Festschrift für Jeschek, Berlin, 1985, S. 201 ff.

Dietzler, Anke Max und Moritz − Eine Bildergeschichte nicht nur für Kinder, in: Museum, Wilhelm Busch Museum Hannover, Braunschweig, 1980

Dreher Der Paragraph mit dem Januskopf, Festschrift Gallas, 1973, Berlin / New York, S. 307 ff.

Dreher-Tröndle Kommentar zum StGB, 43. Aufl., München, 1986

Dubler, A.−M. Müller und Mühlen im alten Staat Luzern, 1978

Ehrenfeld−Rumpelheimer Göttliches Strafrecht, GA 1955, 55 ff.

Einstein, A. Die Relativitätstheorie und ihre praktische Anwendung für den Geflügelzüchter − Chancen und Gefahren, in: Unser Geflügel und Wir, Jahrgang 1953, Heft 83, S. 5 ff.

Encyclopädia Americana International Edition, Vol. 5, New York, 1974

Erbs−Kohlhaas Strafrechtl. Nebengesetze, Losebl., Stand 1987

Eser Das Humanexperiment, Schröder Ged. Schrift, S. 191

Freudjung, S.C.G. Der Zitaterich und sein Über-Ich − Zur Psychopathologie des akademischen Imponiergehabes, Tobolsk 1932; zitiert nach Henkel-Traubert, s.d.

Freud Die Traumdeutung, 1900, Wien

Freudenthal−Grünhut Plädoyer für einen Täter vor und zwischen dem Täter, Berlin, 1975

Frijling−Schreuer Was sind das − Kinder?, Frankfurt, 1974

Frustnik, Stefan Die Subkultur der Schule, Köln, 1968

Geilen Heimtücke und kein Ende, in Schröder Ged. Schr., S. 235

Geißel, H. (Hrsg.) Der Weg in die Gewalt. Geistige und schulische Ursachen des Terrorismus und seine Folgen, München / Wien, 1978

Grebing, Gerhard Die verhängnisvolle Whiskyflasche, Jura 1980, 91

Grzimek, B. Zur Psyche des Ziegenbocks, in: Mensch und Tier; Ausdrucksformen des Lebendigen, München, 1968, S. 5−25

Günther, Hans−Ludwig Lebenslang für heimtückischen Mord?, NJW 1982, 353 ff.

Heinrich−Bosetzky Kritische Anmerkungen zu den Anmerkungen unserer Kritiker: Wenn Krähen hacken, Verwaltungsrundschau 1986, S. 220 ff.

Henkel−Traubert Die dionysische Amtsstube oder Schmoozing als Lehrfach, Verwaltungsrundschau 1986, 217

Herbert, Alan Patrick Rechtsfälle−Linksfälle (Juristische Phantasien), 3. Aufl., Göttingen, 1980.

Hesse, J.R. Der Künstler und sein Grundgesetz − in dubio pro arte und libertate, 2. Aufl., München, 1985

Hirtz, Herbert Die Selbsthilfe im deutschen Strafrecht, Diss., Gummersbach, 1931

Hohn, Elfriede–Redlich F.D.	Das Seelenleben des Schülers, 35. Aufl., München, 1965
Hörtreiter	Sprengstoffdelikte, in: Kriminalistik, 1972, S. 57 ff.
Illies	Tiere als Nahrung des Menschen, Anthropologie des Tieres, München, 1977
ders.	Die Affen und wir – ein Vergleich zwischen Verwandten, Hamburg, 1970
Initiative gegen Tierversuche (Hrsg.)	Tierfolter – eine Zusammenstellung von Tierfoltern, Ottobrunn, 1978
Jacob	6000 Jahre Brot, Dt. Übers., Hamburg, 1954
Jauernig	Kommentar zum BGB, 3. Aufl., München, 1984
Jurecka, Ch.	Brücken-Histor. Entwicklung, Faszination der Technik, München, 1979
Kant	Kritik der reinen Vernunft, Hamburg, 1955
Kaufmann	Beziehungen zwischen Recht und Novelistik, NJW 1982, 606 ff.
Kleinknecht–Meyer	Kommentar zur StPO, 37. Aufl., München, 1985
Knirsch, Harry	Irrungen und Wirrungen des BGH in seiner Irrtumsrechtsprechung, in: Der kritische Jurist, 1986, Heft 9, S. 13–124
Koller	Die Schuldfrage aus der Sicht des Psychiaters, NJW 1960, 2232 ff.
König, René	Sozialpsychologie der gegenwärtigen Familie, in: Universität, Jahrgang 12, 1957, S. 1247
Kowalski	Handbuch der Konkurrenzen, Köln / New York, 1987, Band XII
Kowalski–Meyer	Das Klima der Gewalt, in: Aggression und Kultur, Heft 7, Hannover, 1978, S. 56–78
Kramer, K.S.	Ehrliche und unehrliche Gewerbe, Handb. z. dt. Rechtsgeschichte I (1971)
Kratzsch	Für und wider die Rechtsfolgenlösung des Großen Senats für Strafsachen, JA 1982, 401
Krause, Friedrich–W.	Notwehr bei Angriffen Schuldloser und bei Bagatellangriffen, in Festschrift für Hilde Kaufmann, S. 673 ff.
Krumbiegel	Tierquälerei als Vorstufe sadistischer Gewaltverbrechen, Archiv für Kriminologie, 147. Band, 1968, S. 41–45
Lackner, Karl	Kommentar zum StGB, 16. Aufl., München, 1985
Lange, Heinrich	Sachenrecht, Stuttgart u. a., 1967
Leipziger Kommentar	Kommentar zum StGB, 9. Aufl., Berlin, 1974
Linne, K.v.	Systema Naturae, Tom I, Ed. X (1758), Faksimile-Nachdruck, Brit. Mus. (Nat. Hist.), London, 1956
Lorenz, K.	Was Gänse alles können – eine Ode an unsere gefiederten Freunde, Hamburg, 1956

120

Lorz, Albert   Naturschutz-, Tierschutz- und Jagdrecht, 3. Aufl., München, 1985

ders.   Kommentar zum Tierschutzgesetz, 3. Auflage, München, 1987

Lotze, Barbara u. Dieter   Durchweg lebendig – Wilhelm Busch und die Physik, in: Wilhelm-Busch-Jahrbuch 1985, Hannover, 1986, S. 7–18

Malenko, Elvira   §§ 958, 959 BGB–Rechtsgeschäft und Realakt aus der Sicht der Kindergärtnerin, in: Probleme der Kindergartenpraxis, Jahrgang 2, 1987, Heft 6, S. 43 ff.

Mank   Die ev.–Theol. Diskussion um die Strafbarkeit von Gotteslästerungen und Kirchenbeschimpfungen in jur. Sicht, 1966

Matill   Zeit und materielles Strafrecht, GA 1965, 129

Maurach-Schroeder   Strafrecht BT 1, 6. Aufl., Heidelberg, 1977

Mayer, H.   Strafrecht AT, Stuttgart, 1953

McCruel, George   Fifty ways to kill a hen, Informations for Farmers of Arizona, Arizona 1967

McDonald, John B.   Juvenile Crime against Bridges, in: Journal of Research in Crime und Delinquency, Vol. 4, 1967, S. 45 ff.

Mezger   Kriminelle Typen, Festschrift für K. Schneider, 1947, S. 217 ff.

ders.   Vom Sinn der strafbaren Handlung, JZ 1952, 673

Minakow   Über die Veränderung von Haaren durch die Hitze, in: Vierteljahresschrift für gerichtliche Medizin, 1896, Suppl., S. 75 ff.

Moser, Tilmann   Jugendkriminalität und Gesellschaftsstruktur, Frankfurt, 1980

Muceouv   Poudres et Explosifs, Paris, 1947

Müller–Dietz   Mord, lebenslange Freiheitsstrafe und bedingte Entlassung, Jura 1983, 568–580

Münchener Kommentar   Kommentar zum BGB, Band 4, 2. Aufl., München, 1986

Netolitzky, F.   Käfer als Nahrungs– und Heilmittel, in: Koleopterol. Rundschau 7/8, 1918 / 19

Neugebauer   Mord durch Ertränken, in: Kriminalistik, 1959, S. 63

Nocke, G.   Tiere als Helfer in der Not, in: Veröff. Zool. Staatssammlung München, 1956, S. 25 ff.

Noelle-Neumann   Die Stadtgammler im Wandel der öffentlichen Meinung, Allensbach, 1961

Oellers   Der Hehler ist schlimmer als der Stehler, GA 1967, 6 ff.

Oetker   Feine Küche, Bielefeld, 1980

Palandt-Heinrichs   Kommentar zum BGB, 39. Aufl., München, 1980

Pardon, Jean   Matériel des travail aux explosifs, Paris, 1914

Pidde, Ernst von   Richard Wagners »Ring des Nibelungen« im Lichte des deutschen Strafrechts, 3. Aufl., Hamburg 1982

Radbruch, Gustav	Das Strafrecht der Zauberflöte, in: Vom edlen Geist der Aufklärung, München, 1948
Radbruch, Cuno	Der »öffentliche Nutzen« – Erkundungen zu einem amorphen Thema, in: J. R. Hesse (Hrsg.), Der Staat sind Wir, Baden-Baden, 1979.
Remmle	Die dauernde Entstellung i. S. § 224 StGB, NJW 1963, 22 ff.
Revensdorf	Über den Tod durch Ertrinken und konkurrierende Todesursachen, in: Münchener Medizinische Wochenschrift Nr. 2, 1906
Roesner	Der Mord, seine Täter, Motive und Opfer nebst einer Bibliographie zum Problem des Mordes, ZStW 56, 327 ff.
Römpp	Chemie-Lexikon, Bd. 1, Stuttgart, 1962
Rousseau, Jean-Jacques	Emil oder über die Erziehung, Paderborn, 1983
Roxin, Klaus	Täterschaft und Teilnahme, 3. Aufl., Berlin, 1975
ders.	Strafrechtl. Klausurenlehre, 3. Aufl., Köln, 1977
Rudolphi	Systematischer Kommentar zum StGB, Losebl., Stand Februar 1987
Schick, M.	Kunstwerkgarantie und Strafgesetz, 1968
Schmidt-Kaspar	Was ist so komisch an Wilhelm Busch – Der Meister deutscher Schadenfreude, in: Westermanns Monatshefte 11/82, S. 32 ff.
Schöckel	Die Entwicklung des strafrechtlichen Rückwirkungsverbots bis zur Französischen Revolution, 1968
Schönke-Schröder	Kommentar zum StGB, 22. Aufl., München, 1985
Scholze-Laumann	Der strafrechtliche Schutz des Lehrers vor dem gewalttätigen Schüler, Schriftenreihe des Kultusministeriums Düsseldorf, Heft 3 1982, S. 113 ff.
Schramm, L.C.	Effect of pipe smoking on fetal hamsters and rabbits, in: Toxicological Applications of Pharmacology 14, 1969, S. 276–289
Schroeder, Friedrich C.	Der Täter hinter dem Täter, Berlin, 1965
Schröder-Schönke	Kausal, nicht-kausal, egal? Die Kausalitätstheorien und das Problem ihrer Umsetzung in der täglichen Praxis der Strafgerichte, in Festschrift für Metzger, Frankfurt, 1970
Schulze-Oldem	Der Käfer, ein Stiefkind der Zoologie?, Stuttgart, 1970
Sereny, Gitta	Ein Kind mordet – Der Fall Mary Bell, Frankfurt, 1980
Simitis, K.	Gute Sitten und ordre public, 1960
Simon-Funkel	Bridge over troubled water, Boston, 1985
Skriver, C. A.	Der Verrat der Kirchen an den Tieren, München 1967
Spitaler	Wie können wir das Elend von Kettenhunden lindern?, in: RdT 1962, Heft 1/2, S. 8
Sommerset–Neill	Kids in schools as victims of teachers, Boston, 1978

Staeck, Klaus Eine Zensur findet gelegentlich statt, in: Drewitz-Eilers, Mut zur Meinung. Gegen die zensierte Freiheit, 1980, S. 158 ff.

Stark, Franz-Ferdinand Der Ofentod, in: Schriften des Kölner Institus für Rechtsmedizin, Köln, 1853, S. 487 ff.

Stern Sterns Bemerkungen über die Gans, München, 1971, S. 10 ff.

Stree Gefährliche Körperverletzung, in: Jura 1980, 281 ff.

Tallarek Wie sieht der Jurist das neue Tierschutzgesetz, in: Unser Rassehund Nr. 1, Jahrgang 1972, S. 3 ff.

Teufel, Hein-Fritz Condition sine qua non – was ist das schon? Der kritische Kausalist, Heft 3, 1968, Berlin

Thorwald, Jürgen Das Jahrhundert der Detektive – Wege und Abenteuer der Kriminalistik, Zürich, 1965

Tibulski-Schribbeneck Haus und Hof im Schutz des Strafrechts, Unterhaching, 1986

Tibulski-Schribbeneck Selbstjustiz, in: Die Bürgerwehr, Heft 3, 1977, S. 15–59

Tietz Der Schutz der Toten im Recht der Gegenwart, Strafr. Abhandlungen Heft 291, 1931

Trautler, Gottfried Aufsteigende und absteigende Verwandte, in: Der deutsche Standesbeamte, Jahrgang 41, 1965, S. 1783 ff.

Umbach, Dieter C. u. a. Das wahre Verfassungsrecht, Festschrift für Nagelmann, Baden-Baden, 1984

Uranow, Vladimir Die Ausstrahlungstheorie in der Praxis, Moskau, 1987, 234 ff.

Vanzetti Handbuch der Anarchie, Raubdruck, 1883, o. O.

Venzmer Das große Gesundheitsbuch, Gütersloh, 1965

Wachholz-Horosakiewicz Experimentielle Studien zur Lehre vom Ertrinkungstod, in: Vierteljahresschrift für gerichtliche Medizin, Bd. 28, 1904

Wacke, Andreas Wer zuerst kommt mahlt zuerst – Prior tempore potior iure, JA 1981, 94 ff.

Wahrig, Gerhard Deutsches Wörterbuch, Gütersloh, 1968/72

Wassermann, Adalbert Brett, Steg, Brücke – eine Gesetzeslücke?, ZRP 1984, 201 ff.

Weber Kriminelle in kurzen Hosen, Concepte 66, S. 25 ff.

Weber, Hermann Der Sonnenwirt – der klassische Roman eines klassischen Kriminalfalls, NJW 1982, 619 ff.

Weitnauer Zur Lehre vom adäquaten Kausalzusammenhang – Versuch einer Ehrenrettung, Festg. für K. Ottinger, 1969, S. 321 ff.

Weitzel, G. Eiweißernährung und fünftes Gebot, in: Naturwissenschaftliche Rundschau 18, 1965, S. 405–407

Welzel, Hans Das Verhältnis der Tötungsdelikte zu den Körperverletzungsdelikten, in Festschrift für Helmuth v. Weber, Bonn, 1963, S. 242 ff.

Wessels, Johannes Strafrecht, BT 1, 8. Aufl., Heidelberg, 1984

Wiegand	Die Tierquälerei, Lübeck, 1979
Würtenberger	Satire und Karikatur in der Rechtsprechung, NJW 1983, 1144
Wütherich, Hugo M.	Kriminologische Studien über die Tatwerkzeuge Hammer, Meisel und Säge, in: Der krititische Kriminologe, 1987, Heft 7, S. 23
Wunderlich, Friedrich	Rechtsfolgen der Jugendstraftat, JA 1985, 185
Zipelius	Philosophische Aspekte der Rechtsfindung, JZ 1976, 150
Zipf, Heinz	Probleme eines Straftatbestandes der eigenmächtigen Heilbehandlung (dargestellt an Hand von § 110 des österreichischen StGB), in Festschrift für Hilde Kaufmann, S. 577 ff.